第三课

逆转时间 逃出牢笼

NIZHUAN SHIJIAN TAOCHU LAOLONG WO DE LINGWAI YISHENG

我的另外一生

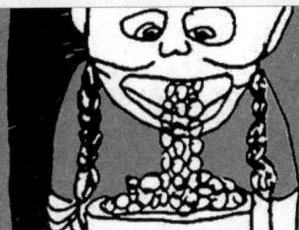

百花洲文艺出版社
BAIHUAZHOU LITERATURE AND ART PRESS

图书在版编目（CIP）数据

逆转时间，逃出牢笼，我的另外一生 / 叶开主编.
-- 南昌：百花洲文艺出版社，2018.4
（叶开的魔法语文）
ISBN 978-7-5500-2741-1

Ⅰ.①逆… Ⅱ.①叶… Ⅲ.①作文 – 中小学 – 选集 Ⅳ.①H194.5

中国版本图书馆CIP数据核字（2018）第054034号

逆转时间 逃出牢笼 我的另外一生

叶 开 主编

出 版 人	姚雪雪	
责任编辑	王俊琴	
书籍设计	赵 霞	
插 画	饶凯西	
制 作	何 丹 周璐敏	
出版发行	百花洲文艺出版社	
社 址	南昌市红谷滩世贸路898号博能中心一期A座20楼	
邮 编	330038	
经 销	全国新华书店	
印 刷	江西千叶彩印有限公司	
开 本	720mm×1000mm 1/16 印张 13.75	
版 次	2018年7月第1版第1次印刷	
字 数	100千字	
书 号	ISBN 978-7-5500-2741-1	
定 价	39.00元	

赣版权登字 05-2018-124
版权所有，盗版必究

邮购联系 0791-86895108
网址 http://www.bhzwy.com
图书若有印装错误，影响阅读，可向承印厂联系调换。

爱写作的孩子是一座魔法星球

叶 开

感谢读者朋友打开这本书，感谢你们看到我写的这篇小序。

请允许我略微骄傲地向你们介绍这套独一无二的作品集。

收入这套十二册近百万字的作品集，不是大家习以为常的课堂作文集、满分作文集、考试作文集，而是一整套由小学生和初中生自己创作出来的、风格独特、形态各异的优秀文学作品集。

我曾给这些孩子讲授一门"深阅读课程"。每次课后布置写作，孩子们立即"占楼"，并"光速"交作业。我每次都读得愉快兴奋，常常熬夜给他们的作文写下很长的分析和评语。

我精心挑选出来很多作品和孩子们一起阅读，讨论，思考。有莫言的短篇小说《大风》、刘慈欣的短篇科幻小说《诗云》、柳文扬的短篇科幻小说《一日囚》以及唐传奇中的名作《板桥三娘子》《聂隐娘》等，读了这些作品之后，他们脑洞大开，进而形成自己的独特思考，并开始了自己的精妙创作。

其中有一个良好的"副"作用——当他们逐渐成熟，学会运用作文套路后，这些在写作能力上达到同龄人中较高水平的孩子，面对应试作文时"杀鸡用了宰牛刀"，大多数人都能轻而易举地写出高分作文。

上海高考语文阅卷组组长周宏教授，常在我的微信朋友圈里为这些小朋友的作品点赞。他认为，孩子们都这样学习写作，今后高考写作文根本不是问题。

我曾说：语言是人类文明的底层操作系统。

如同电脑上、手机上无数的apps应用程序，都要安装在微软公司的Windows操作系统、苹果公司的macOS和IOS操作系统以及谷歌公司的安卓操作系统上一样，人类文明的其他形态，无论是天文、地理、工程、建筑、绘画、雕塑，以及各类科学，都要建立在语言这个操作系统上。语言的好与坏，直接影响到整个文明系统的稳定性。一个高级文明生态系统，他们的语言必定是高级的，他们创作出来的文学作品也必定是高级的。当今最发达的文明国家，他们的语言必定是最丰富的，其写作能力也必定是最高超的，而这些文明国家所留下来的文学作品（语言的最高形式），也必定是最优秀的。建立在这些丰富的文学作品上的文明形态，其想象力、创造力和制造力，都是非常惊人的。

语言一旦崩溃，一切文明形态都将崩溃。

如果我们使用的语言虚假、无趣、伪善，则其他的apps也无法超越。整个文明形态要更加真实、丰富、优雅、有趣、向上，则语言首先就要具备真实、自然、准确的基本要素，进一步，则是高效表达、有趣表达、丰富表达。

社会各行各业，哪一行能离开"写作"呢？语言表达的各种外在形式，无论是政治家演讲、国情咨文、周末报告、股票路演、公司总结、宣传文案，哪一样，都离不开写作能力。我从来没有见到过哪一个优秀作家是口讷不善言的。他们"不说话"，要么是不愿意在某种场合上表达，要么就是代笔的假作家。而那些写作能力强的人，总有更大的上升空间，有更广阔更高远的未来。

文集里这些小作者，从小学二年级到初中二年级，主力作者在上五、六年级——九岁至十二岁左右的年龄。当大多数同龄孩子咬笔头、搔脑袋、苦思冥想、灵感枯竭时，这些孩子个个都是脑洞大开、神思缤纷、下笔如有神，创作出一篇又一篇令人赞叹的作品。

这些作品中，有些特别成熟，有些略显稚嫩，有些特别有趣，有些非常可爱，总体呈现出新世纪少年的丰富想象和思考。

读了他们的作品，我自己也深受启发。我发现大多数成年人对孩子们的内心世界严重缺乏理解，成年人对孩子的认识大多是模糊的、空白的。因为，能读到孩子们真情实感、抒发胸臆的作品实在少之又少，缺乏足够的学习和分析资料。

在课堂作文、应试作文中，学生们只能走套路，写虚假文章，没有机会表达自己的内心和独特的思考，找不到合适的地方表达自己的复杂情绪。而在我的课堂里，他们得到了痛快淋漓的释放。

　　每个小孩都是一个小宇宙，当这个小宇宙的能量受到有效的激发而爆炸时，你才知道自己的孩子到底有多么与众不同。

　　孩子们年纪虽然小，但是他们通过互联网的手段，接触到的外部世界，比自己的父母和老师想象中的要丰富、生动得多。然而，他们在传统的课堂里，却没有太多机会表现自己。大多数孩子，也没学会以写作的方式表达自己，展现自己。

　　我长期与孩子们交朋友，和他们不间断地交流。知道他们表面很天真、很幼稚，其实小家伙很懂得伪装，知道在什么情况下，要隐瞒，不让大人看到自己的真实爱好。只在自由表达中，他们才会敞开心扉，吐露自己内心的秘密。

　　阅读这些作品，我们才会恍然大悟：原来孩子的身体里也隐藏着一个宇宙！爱写作的孩子，是一座魔法星球。

　　他们的内心很丰富，他们的思想很复杂，不像外表显得那么稚嫩，那么单纯。当你认识这些孩子时，会很惊讶：他们看起来跟其他孩子差不多的稚嫩表情底下，竟然能隐藏着如此丰富的想象力，这么美妙的创造力。他们以自然准确而优美的语言，创作出属于自己的想象王国。在这个时候，爱写作的孩子已经拥有整个属于自己的世界。

　　他们都拥有一座属于自己的秘密魔法星球。

　　有些小孩子在作品里写道：老师和父母都认定小孩子幼稚，因此小孩子也装得很幼稚了。成年人想当然地把自己的固有概念套到孩子身上，以僵化的态度来塑造孩子，并且被自己的观点所迷惑，而无法有效地与自己的孩子交流。孩子们只好机智勇敢地、故意卖个破绽地装出单纯幼稚的样子，满足成年人对小孩子的虚假想象和塑造。

"狼昨"是我最杰出的学生之一。她是一位擅长编程，满脑子奇思妙想的七年级女孩，去年曾写过一篇科幻小说《过去的时光》，以科幻的形式来写成年人和小孩子之间的深深隔阂。

她想象有两种星球：大人星球和小孩子星球。这两个星球彼此缺乏了解——相比之下，还是小孩子星球对大人星球了解更多一些。但是大人星球自以为很懂小孩子星球。他们不假思索地认为，自己天然地对小孩子星球有居高临下的优势，总是发布各种命令，提出各种要求……

这篇作品包含了丰富的孩子心理信息，推荐各位爸爸妈妈一定要好好阅读。也推荐给教育界的各位人士，我们自以为了解的孩子，并不是教科书想当然写的那样。想深入理解小孩子的内心，要真正懂得教育，我建议好好地阅读一下他们的作品，其中的第一册《用七个关键词描述自己》，就是了解孩子们的最好材料。

小孩子们的内心不仅仅如此，他们还总是思考着一些奇妙的历史和宇宙。

"木木水丁"也是我最杰出的学生之一，她运用自己学到的宇宙知识和历史知识，在科幻小说《频闪时空》里，设想了一个特殊的问题：我们的宇宙历史，会不会是由一张张特殊的"照片"组成的？每个不同的时空就是一个不同的星球，人长大是不断地从一个星球迁移到另一个星球。人类自己身在局中，不知道其中的奥妙——只有不知身居何处的"时空主宰"在操控一切。而深知"时空主宰"奥秘的那个人，生活在公元元年，他的名字叫作"耶稣"。

读完这部作品，会发现这是一种历史文化和宇宙观念的奇妙旅程。其中写到主人公穿越回到公元元年（这个星球），见到了那个叫作耶稣的五岁孩子，这才知道历史典籍记载的耶稣诞辰一直是错误的：耶稣五年前就出生了。

这里面有很多特殊的思考，真的"亮瞎"了我的"钛合金"眼睛。

"沼泽"也是我最杰出的学生之一。他在五年级时就写出了探讨"不确定性"的一部杰出的科幻小说《骰子》。其中写到了一名来自火星的名侦探匹克，一到地球就失踪了。而地球上最神秘的黑暗势力的领袖，正在巴黎的下水道里，打算实施把整个太阳系各个行星炸掉的庞大阴谋。他到底会不会炸掉太阳系里的那些行星呢？关键看头号恐怖分子Forever会不会掷出某个特定的点数：星球的命运，建立在偶然、随机上。

在小说里，小作者熟练地运用了"量子力学"理论，还巧妙地谈到了"薛定谔的猫"等概念，令人大开眼界。他在五年级时上唐传奇《聂隐娘》的课，课后写了一篇科幻小说《楚门的世界》。凭着这篇优秀作品，他被上海最著名的民办学校之一——平和双语学校特招进初中部。

"颜梓华"也是我最杰出的学生之一，前不久他写出了一部三万字的中篇科幻小说《地球四十八小时》，读了令我深为赞叹。

小说里写某高智慧外星文明的男主角小男孩要去另外一个遥远星球探望父亲而搭乘星际列车旅行，因误入某种时空漩涡，星际列车穿越了时空，停靠在了几千光年之外的地球的某个车站。这让小主人公在从未到过的地球世界里，经历了四十八小时惊心动魄的冒险。小说结构很精简，人物和人物关系设定很合理，其写作能力，远远超出了很多大学中文系的学生。

"雪穗·茗萱"是研究阿西莫夫科幻名作《银河帝国》系列的小专家，现在读七年级。她写的科幻小说《银河帝国·虎》，结构之精妙，故事之出人意料而又合情合理，文笔之好，简直是阿西莫夫再世。

另一位七年级的天才少年周阳，也以阿西莫夫的《机器人帝国》为灵感，创作了一部优秀作品《机器人星球长》，写某天突然爆发了一条信息"地球星球长萨旦·奥利瓦是机器人"，而迅速流传到宇宙中有人类居住的四十五个星球中，宇宙世界联合组织委派名侦探夏洛克·安德罗斯前来地球调查真相。故事结构非常特别，结尾出人意料又合情合理，充分体现了小作者的谋篇布局和叙事推进的高超能力。

六年级学生黄铭楷的科幻小说《命运之钟》，写某台来自宇宙最先进文明的机器，落在地球上，而为地球人所用。这台机器是一部超高能的计算机，能计算出地球上每一个人的命运走向。因此，王国内每一个人出生之后，都要来到这个"命运之钟"前检测自己的命运。那些被宣判未来会变得邪恶的人，就会被抛弃被杀死。而最奇特的事情，发生在国王的两个孩子身上，"命运之钟"判定他们会自相残杀。老国王痛苦不堪，但不肯对这两个孩子采取"抛弃"的方式，那么，两位王子如何突破这个命运的陷阱呢？故事结构之巧妙，解决之合理，我也一直记忆深刻。

我教过的学生中优秀的科幻少年很多，除上面的那些小天才之外，还有现在读五年级的张小源、五年级的李华悦、七年级的时践、五年级的周子元、四年级的郑婉清、四年级的刘悦彤、六年级的张倍宁、八年级的程琪鸿、七年级的李暖欣等等，恕我不能一一列举更多的名字，他们都写出了精彩的科幻小说，读了真是让人感到大开眼界。

除了科幻小说之外，这些文集里，还有大量的幻想小说，包括魔幻小说、玄幻小说、奇幻小说等，深受一起学习的孩子们欢迎的枫小蓝、戒月、莞若清风，是幻想小说的天王三人组，是真正的幻想小说天才。还有徐鸣泽、丁希音、何浥尘、杨睿敏、雾霭青青、幂小狐等，都是幻想小说的顶尖高手。

孩子们不仅仅是写幻想小说才能高超，在打通灵感之泉以后，他们写其他文类如记叙文、议论文等，都得心应手。游记、影评、书评，完全不在话下。

浙江平湖的张小源同学四年级跟我学习，现在五年级。她创造的幻想作品风格多样，跨度很大，屡有佳作，而科幻小说也像模像样。她写的游记、影评、书评，都非常精彩。写美国科幻鬼才菲利普·迪克的文章，写《哈利波特》的书评，都非常老到。

当孩子打开写作的闸门之后，他们就会在写作的过程中不断地"虹吸知识"，为了某些特定的知识内容，去寻找资料，认真了解学习相关的知识。例如"量子力学""测不准原理""相对论"等等，这些远远超出了他们年龄的知识，他们都孜孜不倦地去学习，而且热情高涨。

南京五年级小学生徐鸣泽，跟我学了袁枚《子不语》里一篇《赵大将军刺皮脸怪》而迷上了这部文言小说，自己读完了厚厚一本文言文作品，在班里建了一个《子不语》阅读小组。这些孩子的文言文阅读能力已经超过了很多高中生甚至大学生。在跟随我参加南京先锋书店里举行的跨年诗歌晚会时，台湾著名翻译家、诗人陈黎教授看到了徐鸣泽和她的小伙伴莞若清风，感到非常震惊，说你们不是小学生吗？怎么能看懂繁体字，看懂文言文的！

在孩子们眼中的幻想小说天才莞若清风，是一个精通古希腊罗马神话、埃及神话、北欧神话等各类神话的六年级女孩子，她深入浅出地化用这些神话元素，写出了一部部精彩的幻想小说。我一直记得她的杰出作品《雪雕冰神》，那么美好的一个幻想世界，也只有这些心灵纯净，未受到污染的孩子，才能创造出来。

而运用了特殊的地理知识和对《魔戒》的深阅读，七年级的时践创作了一部三万字的魔幻小说《费斯·波金与邪恶之眼》。

一介绍就"如数家珍"，有点兴奋过头了。

这套书中很多作品，在"叶开的魔法语文"公众号发出后，得到了全国各地的著名作家、出版家、编辑和优秀语文教师的点赞和激赏。

当我把一个专辑发在朋友圈里时，诺贝尔文学奖获得者莫言老师也点赞留言，说："开卷有益！"又补充说，"开叶开的卷有益！”

北京师范大学科幻小说研究中心主任、博士生导师吴岩教授也常常为这些孩子的科幻作品点赞。

这里，要特别感谢我的老朋友——百花洲文艺出版社的姚雪雪社长。她慧眼识珠，一眼就看到了这些小朋友发表的作品中蕴含着惊人的潜力，立即跟我商量，请我负责编辑，由百花洲文艺出版社于2018年作为重点图书出版这套作品集。

编完了小朋友们创作出来的十二册《叶开的魔法语文》作品集，我的主要表情是"惊呆"，次要表情是"感到不可思议"。

这些脑洞大开的作品，每次交上来我都会逐一点评，印象深刻，感受特别。这些作品都是2017年夏天以前创作的，所以出书时标记的是小作者们写作时的年级。再次编辑这十二册近百万字的作品集，我为孩子们的真实自然准确的语言所惊叹，为他们的想象力和创造力所再度折服。

我是中国现当代文学博士科班出身，在《收获》杂志社做了二十多年的职业编辑，阅读过大量的文学作品，编发过国内外许多一流作家的优秀小说。本来以为自己已经读麻木了，天底下没什么新鲜事了，没想到在与这些孩子一起度过一年多的"深阅读"和"创造性写作"的美好时光之后，发现他们在得到有效的深阅读训练，学会有效思考，体会到高效率语言表达的乐趣之后，创作热情被激发了，而写出了前所未有的美好作品。有些孩子简直是灵感如涌泉，被激发得闪闪发光。他们的写作题材非常广泛，形式极其丰富，表达生动活泼有趣。如果不是被激发之后，渐渐进入更为自由的写作状态，我们很难理解，为何这些小孩子脑袋中竟然能藏着如此丰富的思考、如此瑰丽的想象、如此自由的表达。无论是科幻小说、玄幻小说、穿越小说、武侠小说还是游记、书评，他们都写得观点鲜明，精彩有趣，色彩缤纷，让人产生浓重的阅读兴趣。

我和一些孩子见过很多次，平时追逐嬉戏，打打闹闹，跟普通熊孩子差不多。但是，且慢，不要以貌取人。他们的脑袋里，藏有比黄金更珍贵的奇思妙想。他们的大脑如同宇宙一样无垠，他们的思考如同光速一样快捷，他们的表达像加特林机关枪一样干脆利索。有些人物关系的处理，他们比成年人更加直截了当；而在细节表现上，则精微而晶莹。

他们还小，未来无可限量。

同样，你们的孩子也还小，未来无可限量。

相信他们，就是相信未来。

这些孩子的潜力，都有待我们的呵护与激发。

2018年2月3日

目录
CONTENTS

1 频闪时空

木木水丁（林汀）　七年级

时间是世界上最大的秘密。

书上是这样写的，所有人都是这样认为的。

当然，我也是其中之一。

时间是一个抽象的概念，记载着我们生活的每一刻。

无数本小说讲述着时间的奥秘。然后，作家们提出了一个新的词汇：时空——时间与空间。这两个字都很好理解，它们都是绝对概念。

但时空，是什么？

那些小说都没有解决这个问题，那就是外祖父悖论。

我翻开蒙着一层灰尘的史书，轻吹一口气，灰尘飞舞，却把陈旧的书名显露出来。

没错，这就是我要找的书。

我把这本书加到堆在桌子上的一大堆书中去。顶端一本书是《时间理论》。除此之外，还有《外祖父悖论》《自杀悖论》等。

还有一本看起来丝毫不相关的书。这本书是崭新的，扉页上的借书单显示着它的重要性：《Mathematical Principles of Natural Philosophy》，中文翻译过来，就是那本赫赫有名的书——牛顿的《自然哲学的数学原理》。

在这本书中，引申出一条科学教科书上初一学生们学到的一条定律，原版是：

"A particle will stay at rest or continue at a constant velocity unless acted upon by an external unbalanced force."

科学书上稍微把这句话颠倒了一下，意思不变：

"一切物体在没有受到外力作用的时候，总保持匀速直线运动或静止状态。"

这原本是对物体之间力的分析，但是，我想把它运用到时空中去。

一切物体，也就是说，包括时空，它没有受到外力作用，于

是，就以匀速持续运转下去了，一直到世界的终结——如果有的话。

但是这么做的前提是，一开始在受到外力作用之前，有人给了它一把力，让它在外力作用消失时继续保持匀速运动。

而这个人，就是时间的主宰。

我仔细研究时空，自然不是没有原因的。

一个原因是要救一个人。

还有一个原因是地球的期盼。

地球现在已经是彻底的法治世界了。没有人能质疑。凡是犯了错误的人，轻则流放到其他星球，重则永远囚禁在时空监狱里。

而这时空监狱的刑罚，又有许多种。归根到底，都是一个词：永远。永远在一年、一个月、一个星期、一天、一个小时甚至是一秒中生活，度过自己的余生。

有些人可能会说，这样很好，没有人敢犯罪了。

但是，只要你惹恼了一股势力的任何一个人，就要被处罚，你甘心吗？

我甘心。这就是强者为尊。

除了我，大部分人都不会甘心在这种弱肉强食的环境中生活的，于是，地球上的所有国家联合起来，来对抗这股势力。这就是所谓的地球联合国。

我的诞生，就是为这个事业贡献出一个领导者。

他们期盼我能终止这一切。

而我的对手，就是传说中的时空主宰所领导的势力。

不过他们不会担心因整个人类的未来都与我的成败密切相关而压力过大。因为在我年幼时，我的一位朋友就是被困在时空监狱里。就是那种最残酷的，一秒之内循环的刑法。

我要救他，所以，我对抗时空主宰的所有努力都是自愿的。哪怕是此时，我没日没夜、废寝忘食地在藏书阁里钻研。

所谓"时空囚禁"，其实跟小说中的时空穿越差不多。就拿我的朋友——就是我要救的那个人举例吧，他就是在一秒钟末穿越到一秒钟前。很简单。

但是问题是，这个过程是怎么做到的？

"喂！那边的！藏书阁闭馆了。"一个人从转角处走来，胸口上的标志表示他是时空主宰势力。我赶紧站起身，抱着那一大堆书走到前台，登记完毕之后，趁工作人员不注意重新溜回藏书阁。这也是我能在藏书阁待一天一夜的技巧。

我点上蜡烛，因为怕工作人员发现而不敢开灯。

书上的字母被火焰照得明晃晃的，在黄色的书页上摇摆。

我从一个小睡中醒来。一个思绪不知不觉中进入了脑海。

所有的词汇都是人类创立的：时间、时空，都是。

没有人能否认它们的存在。但是，真实性？

时间这个词语的创造就是为了方便地记录一天又一天的流逝。莫非，时空监狱本身就不是那么神奇，只是人类的一个想象罢了？毕竟，哪有一个空间会这么神奇，甚至可以将人类永远囚禁在一定的时间之内？

时空主宰的势力其实就是在恐吓而已，这一切刑法都是骗人的？

那么，那些受刑的人又去了哪里呢？

我恨不得立刻将这一思路报告给地球，但是马上就丧气了。这一论点是那么简单，百年来肯定会有人想过，报告给地球，并被否认了吧。

可是从另外一角来看，万一真的没有人想到过呢？

我又混乱了。

"言，立刻到指挥部报到。"藏书阁的桌面上浮现出这一句话。我一直沉浸在自己的思路中，没有意识到。可能，它已经存在几个小时了。不过……平淡的语气，我并没有被批评？也对，我熬夜完全是为了地球呢。

我抱着一大摞书从窗口翻出了藏书阁。

"啊，言，你来了。"在地球联盟国军事部长短暂地握了我的手之后，带我来到一个全部空白的房间。并不是空白，而是白得发亮，就是藏书阁桌面的那一种材质，名为电子屏。而这里，一定是地球联合国的情报中心吧。我张了张嘴，最终我想说的话还是没有说出口。

说还是不说？

军事部长的手接触到了墙壁，语句马上浮现，就在我的身旁。

"疑似时空主宰的住宅区已被找到。"

我惊讶地看着他：就凭我们人类这一帮愚蠢的生物，能在时空主宰的势力下找出时空主宰的位置？

"你不用太惊讶。他们似乎完全没有想掩藏这个事实，只不过几百年来没有人会去问罢了。"

"在哪里？"

"好像是在……公元1年。"

什么？意思就是，时空主宰在几千年前生活过？可是某个时间怎么可能作为一个地点？

"我理解你的疑惑，但是这就是我们听到的。言，心中要有大局观啊，要看目的！目的！只要把时空主宰消灭了，不用看过程。"军事部长做了一个表示无奈的动作。这是人们经常说我的，没有大局观。对此我表示非常不解。

"时空主宰这件事你有什么看法？"我赶忙转移话题。

"还是那么直接啊，"军事部长的眼睛发亮，肯定是我说到了他的骄傲之处，"我们在几亿个星球中找到了一个星球。当然，是通过宇宙网找到的。"我点点头，宇宙网对万物都有明确的介绍，在那里找到一个你随便编个名字的星球并不是不可能。但是……"你可能已经猜到了，那个星球的名字叫公元1年。"

什么？

我让这个词在脑海中回荡，就像旧时代人类的电脑在文档中表示可以输入的符号一样，一闪一闪的。

"公元1年，请您立刻前往。"军事部长用上了敬语。

这是一个命令，我立刻出发了。

难道时空就是一个星球？时空主宰就住在那上面？在飞船上，

我思索着。飞船以无限快的速度飞行着，我的思绪似乎也保持着同步。

我有些庆幸，自己在藏书阁的那个观点是错误的，这样人类百年来的努力就没有白费了。

也许很快就能见到她了。

不知为什么这句话在我的脑海中飘过。

飞船降落了。我愉快地走出了飞船，但是立刻瞪大了眼睛。

所有的人都穿着不同的衣服。想想看，不同的衣服！

在地球无处不见的电子屏，在这里一个……一个都没有。

在这里，交通工具是一种动物。

在这里，最显著的建筑不是那一层层摩天大楼，而是……

时间主宰势力的徽章。

而我的电子表显示着，今年，是公元1年。而今天是12月20日，距离耶稣降生还有5天。

公元1年，耶稣降生，中国大赦天下，奥维德开始撰写《变形记》。这些似乎就是公元1年所有值得被写入史书的事件。而我也在期望着，在12月25日那一天，会发生什么不寻常的事。

因为那天耶稣基督降临到人世间。他所改变的，也许，就是时间主宰的统治。但是为什么，在数千年后，时间主宰的统治又会恢复？

然后我猛然醒悟，我刚刚所做的，并不是一次星球与星球之间的旅行，而是时空的穿越。

但是为什么之前人们没有穿越过？因为他们的飞船毁灭了，永远留在了这个世界上。

而将我送到这里的飞船，看起来完好，但是因为这里的环境，起飞系统不可能操作了。

我仿佛在重重面纱前徘徊，想要看到面纱所遮挡的一切。而刚刚，我已经掀开了第一张面纱。

12月24日，上午9点整。

"长官。"

"嗯，我知道，该来的还是要来。"我望着窗外依然不习惯的景象，对军事部长派来的人员说道。

耶稣，我会见到他吗？

一个孩童清脆的嗓音响起："我相信，你在等我。"

你是怎么进来的？你是谁？

没等我发出疑问，那个小男孩就笑着说："我是耶稣基督。"

"公元1年圣诞节从来就不是我出生的日子，"小男孩，或者应该说是耶稣捧着一杯茶，一边吹气让茶蒸发冷却一边说，"这全部都是后人误导的。但是，后人也不应该这样认为，在《路加福音》里明确提到，在伯利恒之野地里有牧羊人。在冬天，牧羊人怎么可能在冬天放羊？还有，《马太福音》里记载，在希律王的时候，耶稣生在犹太的伯利恒。有几个博士从东方来到耶路撒冷，说，那生下来作犹太人之王的人在哪里？我们在东方看见他的星，特来拜他。这些博士来拜访我的旅程已经有两三个月了，然而在当地却是雨季，所以不可能看到我的星。"

耶稣以第一人称来叙述这件事，让所有人（包括我）都感到非常古怪，但是我们有什么可抱怨的？洗耳恭听是唯一的选择吧。

"还有，黑落德寻找还是婴孩的我，想要杀死我，所以我的出生应该是在黑落德逝世之前。而资料证明，黑落德在公元前4年已经逝世了。"

"那你是什么时候出生的？"我问道。

"公元前4年。"他答道，"我今年4岁。"

我头痛。我找到了自称是耶稣的人，并且知道了他的年龄。但是他跟我们的使命有什么关联？

"至于你，言，我在你的脑中还有另外一个身份。"他又笑眯眯地看着我。

我的心悬了起来："你是谁？"

"我是你的朋友，泽。"

泽，泽，泽，这个字我听过的。原来他就是泽。嗯，我好像多年没有见过泽了吧，好像是五年？他好像是冒犯了时空主宰的人，并且被抓去承受在一秒内循环的那种时空刑法了吧？

"不可能。"我断定道。

"为什么？"

"泽在五年前……当然，是在我那个时代的五年前……"然后我突然又想起一件事来，"你怎么知道我们在这里？"第二个问题正要冒出来，就被我硬生生吞回去了。他号称是泽，怎么可能不知道千年之后的事呢？

"我是耶稣啊。没有什么事情是我办不到的。而且，你刚刚也想过的，我对千年之后的事毫不惊讶不就证明我是泽吗？"耶稣的笑容更明亮了。

好吧。我把自己绕进去了。

等一下……

"你不是，去承受什么刑罚了吗？你怎么可能在1秒之外生活？"

"抱歉，这就是一个秘密了。在这之前，言，我想你去帮我一起消灭时空主宰，为了人类。"

"怎么去？"

"你的飞船我能修复。"

好吧，暂且相信他。只不过，我还是不能把一个小男孩、耶稣、泽的形象联系起来。

"泽？能问你一个问题吗？"

"说。"

"到底我们为什么会穿越。"

"抱歉，言，这是几个我不能回答的问题之一。"

然后我只能搬出那些经常在小说里出现的语句："不能还是不想？"

"不想。抱歉，现在不行。不过……言，你心中真的没有大局观啊，这些小问题要纠结吗？"

这些问题小吗？

"到了。"几小时后泽对我说。

我们来到了名为公元3017年的星球。好像我记得，这就是时空主宰势力刚刚崛起的时候，也是泽被逮捕的时候。

"时空主宰在哪里？"我问道。

"快了，言，马上就要见到了。"

星球上有人，但是我们走了过去，来到了一座高大的教堂里。一个血红色的光球悬在空中。

"这，就是时空主宰。"泽耳语道。

我确信自己没有听错。

"让他告诉你一切吧，言。"

光球将我吸引过去，我融入其中。

"你好，言。"一个声音充满了整个空间，一盏灯被点起。那个血红色大球就悬浮在空中，但是除此之外，我看不到任何东西，包括我自己。

"你好，时空主宰。"我回应。

"你有什么问题就问吧。"

我确实有很多问题，从那藏书阁中走出来之后就没有解决过。

"时空到底是什么？我们是怎么穿越的？"

"我相信你知道。"

我做了一个猜测："就像一个频闪照相机一样，将时间固定在某一年，或者某一月、某一星期、某一天、某一小时、某一分钟、某一秒。而这个单位的名称就是一个星球。比如，公元1年。"

"对。"

"然后，我们人类就是从一个星球移动到另外一个星球？比如说，从公元1年到公元2年？"我混乱了。

"嗯，从这里开始就让我来说吧。在某一刻的时间结束时，你就会从上一个星球移动到下一个星球。从公元1年移动到公元2年，或者从12：00移动到13：00。星球就是时间的单位。星球，就像频闪照相机打印出来的几张照片一样，间隔很细微，变化不大，可能就是一个人做了一个动作，一人死了，一个人出生了。但是，也有那几个重要的时刻，比如，人类发明电灯的时刻。这也就是我们所说的频闪时空。"

"那，外祖父悖论呢？"

"外祖父悖论不存在，因为你在时空穿越之后移动到另外一个星球，你杀死的是你在另外一个星球的外祖父，就像我们常说的平行世界一样。你所做的改变不了你，因为你杀死的是在另外一个星球的你。"

"那么，时空穿越只是从一个星球移动到另外一个星球，就那么简单？"

"就那么简单。"

"时空监狱的刑罚就是……在你要从一个星球移动到另外一个星球时，不让你动，困在这一个星球？"

"嗯，对，重新从这一个星球开始。"

原来是这样。如果这个消息传到地球上去，一定会引起轰动吧。

"但是，怎么在人类不知情的情况下移动人类到下一个星球去？"

"这就是主要的问题了。在一个星球结束之后，人类都会灭亡

一次。"

"啊？"

"就是这样，然后在下一个星球获得生命，继承之前的想法。所以，每一刻的你都是不同的你。而这一原则一直存在的原因是……"

"一切物体在没有受到外力作用的时候，总保持匀速直线运动或静止状态。"我把他的话总结了。

"没错。"

"但是……为什么要有时空刑罚这一东西？"我的问题突然一转。

"为那些不可救药的人。时空刑罚会把他们的绝望、希望、一切情感都引出来，让其成为彻彻底底的新人，而这些被改造之后的人又成为新生命。"

"可是你们对外界说是因为他们顶撞了你们的人！"

"额，那是因为不能泄露机密嘛！"

我思索着，却突然感觉不对劲："为什么人类没有选择权？"突然我又怕他听不懂，继续说道，"为什么人类不能选择自己的归宿，一定要被改造，不能继续活下去？"

那个光球发出轻轻的一声叹息："言，你还是让我失望了啊。你的心中，难道就没有大局观吗？牺牲一下个人的利益，为了整个人类的发展，这么做是最好的选择了。"

又是这句话——大局观。但是，我好像稍微能理解一点了。

没办法。我的心中就有个天平，在自己认为的对错上面摇摆。在那边加了一个砝码，我就在另外一边加一个砝码。我不想委屈自己，让天平倾斜，哪怕这是为了长久的利益。

"频闪时空的建造就是这样的。不要看一个星球，要看整个时空，整个宇宙，才能让时空变得完美。"时空主宰又叹了一口气，"你还不是那个人。你很好，但是，就是少了一份大局观啊。"

"哪个人？"

"逃离大洪水的人。"

"什么？"大洪水，就是主降下洪水毁灭世界，只有诺亚方舟存活下来的那个传说吗？

"人类开始贪婪了。他们要违背时空，他们对我不满。所以，是时候让人类集体毁灭，降下新生了。"也许是幻想吧，但是时空主宰的声音变得冷酷无情，"我想让你活下来教导新生的人类，但是，你似乎还是不适合。"

"泽呢？"

"耶稣不了解人类，他太……睿智了，太达观主义了。他不行，我想找一个更'人类'一点的。"

"他知道这一切吗？"

"不。"

愤怒从心中升起。千万年以来都是这样吗？人类毫无选择权，被时空主宰玩弄于股掌之间？

我的大脑没有跟上行动。等我回过神来时，我已经用意念驱使着不存在的拳头向大光球撞去。

"愚蠢的人类啊……"大光球一闪。

"言？言！"泽的声音在耳边回响。

"泽？时空主宰呢？"

"言。"我从他的声音里感到了一丝沉重。

"言，我以主耶稣基督的名义，恳求你为了人类阻止时空主宰这一行动。"

好。我几乎要答应下来了，但是，我能吗？别说有没有这个能力了，我可以这么做吗？

我咬了咬嘴唇。

有一个事实在脑海中闪过……第一个洪水，好像就是耶稣的父亲——圣父降下的吧？

时间被定格。

一张照片徐徐从打印机里吐出，然后又是一张，接着又是一张，似乎源源不断。

时空主宰一挥手，照片成为圆形，变成三维图形，变成星球。

"赞美人类，请他们保护好这个星球。愿神与你同在。"

一个微弱的声音说道："愿他们珍惜自己的频闪时空。"

时空主宰笑着点了点头。

叶开老师评：

　　林汀的杰作《频闪时空》，构思非常庞大，既穿越了时间，又穿越了空间，还穿越了历史，对人类文明的几个重要的关节点，有自己的思考。在耶稣、在牛顿、在科学、在宗教的庞大时空中，找到一条贯穿上万年的强大主线索。这个主线的厉害之处在于，它穿透了科学、宗教和历史，并且妥妥帖帖，没看到哪里有凝滞不动之处。你引用了牛顿的《自然哲学的数学原理》这部开创人类科学新时代的巨著，把"万有引力定律"原封不动地用英文和中文引用下来，作为你作品的核心推动力，这是一个超棒的创意。和《圣经》里的《路加福音》《马太福音》的资料一起，加以"落实"而显得"煞有介事"，使得"泽/耶稣"这个设定成为有趣的核心人物。在穿越了公元1年与公元3017年这么漫长的时间/空间之后，"我"在泽/耶稣的帮助下，找到了时空主宰，并最终进行了终极对话。

　　"时空"到底是什么？你运用了自己的智慧、知识和想象，提出了"频闪时空"这个超级概念。也许你是从照相机的原理中得到的启发？

　　被你激发了一个疑问：相片，到底是记录时间还是记录空间？或者，是用二维空间的方式记录了时间？那个被记录的时间是多少？0.0000几秒？还是到了最微小的"普朗克尺度"？这样想就太有意思了。

　　有一个小疑问：假设星球就是一年拍一张照片，那么如何移植记忆和感受？这些，你都考虑过，也有自己的解决方法，设定是平行世界。如果宇宙每一个星球都需要这样"拍照"呢？会不会塞爆了宇宙？有没有考虑过呢？不过，这些不是你的问题，是我的问题。

　　这部作品，近乎完美。

2　月亮之上

沼泽（王赵哲）　五年级

序　章

呵呵。

王尔德想道。

这个世界如此光明且黑暗，无知且聪明。

作为已经脱离了世界的他，已经无话可说。

白天突然一笑而过，月亮搬上了天空，收音机里的人们却还在说现在是中午12点。

他已经习以为常。

对此，作为"星辰之梦"的成员，他表示无能为力。

记得2年前的"星幻之门"暴动，核心成员辩论时表示：

老大永远正确！

从此，这句话就是"星辰之梦"成员的唯一纲领。

序章2　过去的月亮

过去的月亮，实实在在的圆。

王尔德在日记里写道。

我知道，在30亿年前，地球的上方，有两个月亮。

一个月亮是本来的月亮。

还有一个，是"我们的月亮"。

这个月亮，曾经是我们创造用于观察地球的。

10亿年来，我们一直认为地球不会培育智慧生物。

只可惜，人算不如天算。在20亿年前，一颗小行星撞击了我们的月亮，我们的月亮在另一个月亮的引力、地球的引力与小行星的冲击力的宇宙橄榄球赛中爆炸。

我们对此没有任何办法。

20亿年后，我被派来监视地球。结果，让我大吃一惊。

地球上早已布满了城市与智慧体。

第一章　上海地铁

上海在王尔德他们世界出版的《地球》一书里的篇幅最大，其次是20世纪。

王尔德走在南京路上，购买着商品。

事实上，他很喜欢这些小玩意儿。

嗯，有趣，十分有趣。他心里想着。

离开南京路，王尔德不得不面对他在上海最讨厌的东西——地铁。

为什么说最讨厌呢，因为地铁噪音太大了，尤其是上海地铁二号线，列车一天到晚换轨道，轨道与车轮刺啦刺啦的，他就是因为坐太多地铁而暂时失聪了。

他乘着电梯，往下走。

下面，人头攒动。

王尔德努力寻找入口，可是他只看到人头。

他受不了了。他蹦出地铁站，狠狠地呼吸着新鲜空气。

外面，人民广场，夜幕降临。

第二章　人民广场

一想到人民广场，王尔德的兴致高了一点。

此时的他发现了卖炸鸡的摊子。

作为吃货的他，想都没想就去买了一只吃。

> "我在人民广场吃着炸鸡，
>
> 而此时此刻你在哪里？"

王尔德的心思全都在炸鸡上。

他掏出他的电子书，创建了一个新词条——

"炸鸡：

地球特有食品，外脆里嫩！

推荐指数：满分+！"

王尔德顿时感觉浑身都有了使不完的力量。

他吃完炸鸡，把骨头扔进垃圾桶，然后决定，释放这股力量。

他从背包里顺出个滑板，放在地上，左脚一踩，右脚二蹬，走你！

随即开始一场冒险：

侧移腾空飞上天，不管是360°还是720°，哪个都行，

不管人群有多少，不管障碍有多少，

不管大爷大妈有多少，不管阿猫阿狗有多少，

不管城管警察，我什么都不管！

我不管，我就爱这么做！

我不管，我侧移腾空照样做！

我不管，哪怕撞到人群，

我不管，哪怕大妈要求街舞，

我不管，哪怕把我告上法庭，

反正我就是这么fashion！

你有本事来咬我，我看你敢不敢，

我什么都不管，我拿起我的滑板，

我什么都不管，我无所畏惧！

我们就是传说中的滑板一族，

如果你有本事，咱们上滑板，咱们来比比看，

听说你很牛，希望你不是在吹牛，

检验吹牛的办法，咱们滑板上比比看，

我们就是传说中的滑板一族。

…………

王尔德坐在长椅上，眼神十分空洞。

大脑里接收到一条讯息，把其他的杂念给清除了。

"星辰之梦"任务：

返回月亮。

啊？

哦。

嗯。

我知道了。

第三章　化为虚无

不被拥挤的城市人、数不清的天文爱好者和卫星发现，难啊。

"我说，你们也太草率了吧，没有什么技术支持吗？"

"存在即合理！请立即完成任务！"

"我做不到。"

"叮，已开启'滴滴打人'模式，将会有一万人来追你！"

啥？

突然，人民广场出现了密集的人头，每一个都拿着一把枪，瞪着王尔德。

他们气势磅礴地举枪指天，王尔德横眉冷对千夫指。

大妈们都停下来，呆望着他们。

突然，人群中爆发出气势磅礴的喊声："还钱！还钱！"

啊？

王尔德带上他的滑板疯狂地在人民广场逃着。

"我说，'滴滴打人'也就算了，为啥还说还钱啊？啊，我啥时候欠了你们钱啊？"

"这是为了更容易解释为什么有一万人来追你。建议你装得像一点。"

王尔德顿时停了下来，拿出扩音器，威武地说："不还！我凭本事借来的钱，我干吗要还？"

众人顿时满头黑线。

谁知，那帮人拿出空钱包，大声唱道：

浙江温州　浙江温州　江南皮革厂倒闭了！

老板欠下了欠下了3.5亿　带着他的小姨子跑了

我们没有没有没有办法办法　拿着钱包抵工资工资

原价都是100多　200多　300多的钱包　统统20块

20块　20块　统统20块　统统统统统统20块

我们辛辛苦苦干了　辛辛苦苦给你给你干了大半年

你你你不发不发工资工资　你还我还我血汗钱

还我血汗钱！

王尔德憋得很辛苦。

那帮人的枪指着他。

王尔德一看到枪，就忍不住笑了。

你们有本事，我佩服，人手一把水枪！

"不得不说，老板，你卑鄙，我们佩服！"

第四章　化为万物

"好好，我做行了吧，真是的。"王尔德对组织说。

顿时，人烟退去。

王尔德走出人民广场。

外面，已经是下午3点钟，黑漆漆的夜空照着大地。

他走向电话亭。

组织告诉他，要去电话亭按下668436666。

668436666在老式手机中打出的是on the moon。

电话亭往下运行着。

在王尔德的时间线里，现在是晚上。

但是在正常人眼里，现在是下午。这座电话亭也是正常地运营着，没有像电梯那样。

王尔德知道，这叫WHI。

WHI理论原本是用来解决"薛定谔的猫"这个问题的。薛定谔并不喜欢在当时风靡物理学界的量子论，就提出了一个问题：假如有只猫在一个盒子里，盒子里有一个衰变计数器连接着一瓶毒药，如果粒子衰变，毒药就会打碎，猫也就完蛋了。但是如果没人打开箱子的情况下，换句话说，在没有人观察的情况下，这只猫是死是活的？我们无法确定是死是活，但倒是可以说是死与活的结合体？

等等，我们在说什么，猫既死了又活了？哥本哈根大学的那帮统一思想的人不得不咽下这瓶苦酒，说：在我们不观察猫的时候，猫是不存在的。

有人就提出了WHI。他们认为，每当出现这种或其他情况时，都会产生三个宇宙。

第一个宇宙里，猫是死的。第二个宇宙里，猫是活的。第三个宇宙里，猫是死与活的结合体。

为什么这样说呢？我们来打个比方。

假设一张纸，我折一下，让一部分竖着。然后，我把一个悬浮在空中的圆锥体放在这张纸的空气的上面。此时，如果是那个折起来的平面的宇宙的人们来观察，这个圆锥体是三角形。如果是圆锥体下面那个平面的宇宙的人们来观察，这个圆锥体是圆形。如果是站在我的角度来看，它是一个圆锥体。

人们总能找到一个宇宙，在那里，拿破仑在滑铁卢战役中胜利了；人们总能找到一个宇宙，在那里，丘吉尔没有当过首相……但是，有很多科学家不喜欢这个理论，为了一个粒子动辄整个宇宙，

太荒唐了。

现在，每一个被改变事物的都是一个宇宙的纽带。薛定谔的猫，电话亭……

王尔德进入了地下。

王尔德升上了天空。

当然，一定还有一个宇宙，王尔德既进入了地下，又升上了天空。

第五章 对决

月亮上一片荒凉。

除非你仔细看。

不得不说，"星辰之梦"太草率了。

作为全世界第一的组织，能不能高端霸气上档次一点？

"王二，你来啦？"一个声音响起，"我是组织的首领，我叫张伟。"

"噗嗤！"王尔德笑了。果然草率是会遗传的。

张伟，据官方不完全统计，全国有至少29万人叫张伟。

"首领，不得不说，太草率了吧。"

"没办法，怪我咯？好了，言归正传。我叫你来，是因为组织上有个任务要交给你。"

"我们的任务是用这1000个核弹，摧毁地球。"

"你会很好奇，为什么1000核弹能摧毁地球？顶多1000个城市而已。因为，核弹引起的核冬天，会把地球粮食供应摧毁。"

王尔德问："为什么要我来做呢？"

"因为，你对地球了解最深，你知道怎么躲过天文爱好者的观察。"

"我拒绝。"

"为什么？"

"你说了，我对地球了解最深，但是正因如此，我才热爱地球。"

"不行，我永远正确！"

张伟即将来到地球。

可是他还在原地。他十分惊讶，他无法去地球。

"想知道为什么吗？听说过量子自杀吗？"王尔德轻蔑地笑了。

量子自杀是指假如有一个人想自杀，每一次他自杀，根据WHI理论，都会产生三种状态，一种是死，一种是活，一种是死与活的结合。如果他刚好进入他活着的这个宇宙，他会继续自杀。虽然这种概率很小，但是他不会死。

我就用了组织里的概率控制器来让这个概率为——让我看看啊，百分之一百。地球也一样，被我改过了。

"你救不了地球。你连自己也救不了，看看你站着的地方吧。"

王尔德脚下的月球土地成了岩浆上的玻璃。

"傻瓜，无与伦比的傻瓜。"张伟笑了起来。

"学了好东西，就把地质隐藏仪给忘掉了。嘻嘻嘻嘻嘻……"

"傻瓜，要不是看在你知道量子自杀的份上，我早就把你踢出去了。"

"只要我轻轻地一按，你就会一去不复返。当然，我不敢肯定你是否还活着。"

"呵，概率控制器就在我手里，咋了，有问题吗？"

"我就不信你的速度比我快。"

"我也不信。"

"哦？是吗？"张伟掏出按钮。

"哦，你不用担心了，我早就开了。"王尔德漫不经心地说。

他拿出一把伽马刀，把核弹切了，打了个哈欠就走了，招呼也没打。

结尾　地球

王尔德的《地球》一书，已经创编3 495 320个词条，是他的世界的畅销书。

然而，王尔德已经失踪20年。人们认为他已经死了。

可是，到目前为止，"永恒之梦"组织已经散发了1亿张传单和大字报，通缉追杀王尔德。

去地球的人也越来越多。

人们只能听到王尔德的最后留言——他唯一被录音下来的话。

"我在人民广场吃着炸鸡……"

叶开老师评：

　　沼泽写得太欢脱哈哈，尤其是"我在人民广场吃着炸鸡"！好像是哪一首流行歌曲的歌词？哎呀，太有意思了。"滑板一族"的歌也是你"胡诌"的吧？很好玩。人民广场那段上万人追杀的段落，写得特别欢快，而且很巧妙，让一个"回月亮"事件，变得如此荒诞而合理。那些来自浙江温州手拿水枪的家伙，在追杀王尔德时，嘴里说"还我钱，还我钱！"，这个梗超棒，哈哈！好庞大的场面，再加上广场舞大妈张开了蛤蟆般好奇的嘴，简直有趣极了。这个欢脱的场面之后，是组织对王尔德的召唤，让他赶紧想办法回月球。

　　然后，出来了搞笑版组织老大"张伟"，地球上有29万个叫张伟的人，作为组织的首领这也太不高大上了。关于组织要用1000个核导弹干掉地球的问题，请问是为啥？他们为个啥要干掉地球？给一个理由吧，不能叫"张伟"了就这么草率。我们要给一个理由。例如，张伟就是一个混蛋，做事草率，不计后果。或者，组织的新领袖就是个弱智，只是别人不知道而已。你想想，给个理由呗。

　　这部作品，核心是你思考"薛定谔的猫"这个著名理论的第三个WHI的核心问题，非常有意思。通过这个，你把这个作品和上一个作品"上帝不掷骰子"的论断，简洁地连接起来了。偶然，概率，诸如此类，进入了我们的世界和我们的身体，你想想，大多数人不思考的问题，然而，你思考了，从粒子开始思考世界，这可能才是本质思考。

你的写作，已经有了自己的套路，现在还是很棒的，在处理上，已经轻车熟路。这么小，你就有了很深的套路，了不得啊。可以继续，写到你厌烦了这个套路，或者觉得这个套路不好用为止。现在不要故意改变，还可以继续这么干。

另外再请教一下，王尔德为何要救地球？再给我一个理由先！

3 Hello/Bye/Sorry

飘茶（张嘉懿） 六年级

前方高能狗血预警，现在跑还来得及！

——又名《今天又是在各种回忆杀中醒来的一天》《总有刁民想害朕》《八点档的终结者和延续者》《论如何狗出新高度》

"哔"的指令声响起，我从营养液中麻木地睁开眼，站起身推开营养舱的盖子爬了出去。手在盖子边缘蹭了一下，应该是破皮了，细微的疼痛不灵敏地从痛感神经传进大脑中枢。但我毫不在意，动作甚至没有因为伤处而稍微停顿一下，继续朝着房间的门口走过去。房间的两侧整齐地摆放着许多一模一样的营养舱，里面被深绿色的营养液充满着，看不太真切。

残余在身体表面的营养液滴滴答答地从身上淌下来，我低下头看了看，脑海里闪过的声音使眉头皱了一下。你又把地板弄脏了……这属于禁令第一百二十一条，惩罚是……记不得了。

清洁室……清洁室在哪里？仅仅想了一瞬间，身体就没有任何犹豫地开始应对。我的目光扫了一圈房间，视觉神经发挥作用，在右边两个营养舱中间发现了一扇上面贴着"清洁室"三个小字的门，走过去在扫描系统处识别了虹膜。

扫描后门"咔嗒"响了一声就开了，验证系统的合成女声随着一阵欢快的音乐响起："验证成功，01。"

01……

迟到的记忆终于在五分钟的营养液延缓期后回到了脑海里。

我沉默地看着向两边收缩起来的门，甩了甩手上已经快干了的营养液，走进了清洁室。

我是2317年，也就是三年前由修索博士主持的第一代人造人工程中最完美的造物，是博士亲口承认的一生中最辉煌的作品，代号01。由于我是人类在这一方面初次尝试的实验里的十个样品中唯一成功的一个，所以带领团队研究出我的修索博士被媒体吹上了天，

地位也跟着水涨船高，各种吹捧意味着高度评价随之而来，意思都是他不求回报、勤勤恳恳地为人类做出贡献，有一篇甚至被专门收入了官方版的语言教育输入芯片，每隔两个字就会出现一大段详细得可以单独成文的解释，摘下来正好能组成一篇堪称倾注了真情实感的颂辞。

但只有真正参与到了研究核心的人才知道，这个项目开展的最初目的，只是因为地球政府的秘密计划。

人为制造一个真实的"人类"体系，在最保险的范围内使用当时并不稳定的时间控制智能，让这些人造人回到过去，改变过去那些拖慢了人类发展速度的特殊事件。本来他们以为在足够的理论支持下付诸行动基本没什么问题，但理论终究只是理论，十个由不同研究团队投入研究的实验品中只有修索博士这边成功了，其他的不是失败就是失踪。我到现在还记得，那个实验品负责团队里的领导者在向政府说出"失踪"两个字时候涨红的脸。

那个失踪的实验品还引起了一阵小小的风波，上级怕泄露秘密，派人寻找，最后实在是找不到了才作罢，带着不安在档案里记上"死亡"两个字。

不过像我们这种"人"，即使逃跑了又能怎么样呢，最多也只能引起一点点的注意，自己却费掉了命，甚至到死也不明白自己此生存在的意义。

所以，我在这批"人"里还算幸运一点的吧。虽然也幸运不到哪里去。

本来提前为十个实验体建好的研究大楼，除了被获准进入的几个研究人员之外就没有人了，长时间空荡荡的像死去了一样。除了被领到顶楼那个伪装成阁楼的房间，去到各个"过去"里完成所谓的任务之外，我就在这里活动着。修索博士的命令是，只有获准进入的房间才可以进，如果未经允许进入别的房间就要受到惩罚。但他知道我平常不会有什么异动，所以只要我每天早上在规定的时间前去实验室录入身体各项数据，三餐都按最佳营养值分配好，其他时间我都是自由的。他相信我不敢。

我的确是不敢，但意外是不可逆的。

上一次违反"纪律"的时候还是几个月前了，那个时候还一次性违反了三条——二十一点后出门、探寻研究人员行迹和脱离管制擅作主张。

准确地说，我在二十一点二十三分时在视线盲区捅坏了摄像头，打碎了窥视窗逃了出去，在走廊上看到修索博士后跟着他回到了他自己的房间。这样来看，违反的好像不止三条。

那群家伙大概没有想到，在他们自己的房间里，也有不止一扇隐蔽的窥视窗。我趴在走廊摄像头的视线盲区，通过其中一扇看着修索博士的一举一动。与普通人相比，修索博士的房间并没有任何不同，甚至一个人的布置还透出一种温馨的感觉。衣冠禽兽，我冷冷地想。

其实看两眼就会发现，修索博士的生活和正常人都是一样的。也许是因为一楼大厅滚屏里用红字加粗的全体作息时间表，关灯也关得很早。当他终于把手伸向台灯的开关时，我舒了口气，打算站起来回自己的房间，毕竟还是违反了"纪律"。

但他的手悬空停在开关的上方，迟迟没有了动作。我本来打算顺势爬起来的动作也是一顿，低下头继续观察他。

修索博士盯着自己的手发了两分钟的呆才回过神来，苦笑了一下后从床头柜上拿了一个相框，低下头仔细地看着。他抚摸着相框中间已经有点泛黄的老照片，极其不显眼地叹了口气。但我还是注意到了，并把视线锁定在那张照片上。

照片？这个年代已经很少有人会用照片记录时刻了。我不禁感到一阵强烈的违和感。

由于平常极好的防护，我的视神经异常发达，此时去看一张不远处的照片更是容易。幸好台灯还在开着，我很快就看到了照片的大半部分。

是一个女孩。我心中涌起一股不知道掺杂着什么成分的恶心，还有这种癖好？

不过恶心很快就被吃惊代替。

因为太熟悉了。

那女孩的脸。

我想不起在哪里看到过了，但只觉得，在目光触及的时候，那种几乎可以称之为猛烈的熟悉感觉像巨浪一般猛地打在岸边的礁石上，带起的是一阵山崩地裂。

等我回过神来的时候，修索博士已经把台灯关了。整个屋子一片漆黑，我却还在想着刚才的感觉。

似乎是久违的，名字叫作情感的东西。

　　几乎是习惯性地做完了清洁室配合动作，我回过神，有些懊恼。因为在正式开始执行任务之前的训练里，不论哪一项都能以出色水平完成的我居然走神了，这是我之前想都没想过的。不过也就是一瞬间的想法，我扫了自己身上一眼，确认没有任何不应该出现的不正常迹象，才缓缓走出了清洁室。

　　滴下的营养液已经被扫地的人工智能清理干净，我走回实验室的时候它正准备撤工，听到声音回过头来，在零点零一秒内识别了我的虹膜就恭恭敬敬地让到一边。

　　啧，真是。我面无表情地走出了实验室，边走边在心里想，人工智能也越来越会看人眼色了。

　　在几个穿白大褂的人工智能为我检测好身体各项数据后，又监督我吃好了营养餐后才把我放走。我漫不经心地随意在走廊里转着，回想了一下最近三天的时间安排，想起今天还有个任务要完成，于是朝着顶楼走去。

　　虽然是进行任务，可我不知怎么总觉得有一种不对劲的感觉，像是要发生些什么一样，心中有隐隐的不安搅动着。我皱了皱眉，强行压下了这种感觉，却多了一丝警惕。

　　由于不想引人怀疑，阁楼楼梯上装的门没有加虹膜锁，但它被发现的概率却不会因此减小。事实上，这道门采用的是一个远古而又无比管用的防盗方法——锁。只要没有对应锁的钥匙就无法解开锁，更无法闯进，在这栋全都是只会解现代锁的人工智能的大楼里，比只要拿到虹膜样本就能安全开门的虹膜扫描安全得多了。

　　我在阁楼的门附近转了转，才放松地一揣兜，微凉的金属触感在手中被感觉到的时候才松了一口气。我拿出了那把钥匙，插进锁里向右扭了两圈。我推开门，走了进去。

没有任何意外的，修索博士正背对着我站在一扇小门前，调试着这次任务的目标时间。我反手关上门，以标准的站姿面无表情地看着他，并没有任何动作。博士也像没看到我一样继续调着时间。我默默地注视着他手中的时间轴，每一次的任务我都记得清清楚楚。轴上从没有具体年份的原始时代一直排到了如今的2320年，要实现必须把时间精确到分秒。

简直是一群为达目的不择手段的疯子。

"01。"修索博士的声音将我的意识拉了回来。我点点头，向那扇小门走过去，按照惯例扫了一眼时间轴，觉得有些不对劲。153年……仅仅是153年的时距么？153年前有什么能够惊动"那群家伙"的事情？我按捺住心中的怀疑，不动声色地扫了修索博士一眼。

这个年代的人们平均寿命已达200年，与此相比169岁的修索博士可以说是刚刚步入老年了，在地球如今的科学圈里算得上是晚辈，但为人所称道的成就却很多。可能因为是平时保养得比较好的缘故，他看上去只有100岁出头的样子，很不符合实际年龄。再加上修索博士本身就长得不错，倒是为他招了一波粉丝。但有一点所有人都觉得很奇怪，修索博士自身条件很好，他在这么多年里却一直保持着单身，也没有任何花边新闻。虽然可以说是洁身自好，可没有伴侣这件事实在是太奇怪了。关于这点，大家在私下里明面上都进行过各种各样的猜测，但博士从来没有回应过。

此时博士的表情有一点点僵硬，望向我的目光里混合了紧张和细微的希望。我又情不自禁地想起那张女孩的照片，皱了皱眉后拧开小门，望着里面纠缠不清混成一团的像烟雾一样的物质，毫不犹豫地抬脚跨了进去。

被时间搅成一团的感觉果然不好受。即使经过这么多次的任务我已经习惯了这种感受，但说一点感觉都没有是假的。2167年5月16日15时32分41秒……我默念着这串数据，试图在昏天黑地的旋转中保持意识清醒，但这没有什么用。

不过好在，在2.5倍的时间流速下，153年很快就过去了。在时间缓缓停止流逝的时候，我松了一口气，站起来点开了不知什么时候附着在手腕上的任务终端，点击调出了这次任务的界面打算看一下任务的目标和完成数值，但界面弹出的那一瞬间我却愣住了。

——什么都没有，任务界面一片空白，一个字都没有。

我有些茫然地再点了两下，可什么都没有发生。为什么会这样？

就在我觉得莫名其妙的时候，四周开始震动了起来。那是催促任务尽快开始的程序，我来不及多想，就从身旁进入任务的小门穿了出去。

走出去的一瞬间，阳光就以一种让我猝不及防的速度照了下来，洒在我的身上，一片金黄带着暖热的感觉包裹住了我。真的是5月啊，在阳光下我有些烦躁地想，然后转身打算看看附近的环境，找个阴凉的地方避一避。

　　沙沙的草响声被风吹动着传到我的耳边，回过头的时候，我的目光刚好撞上另一束视线。带着阳光有些灼人的温度，我清楚地看见，不远处长势很好的草丛中趴着一个举着相机的少年。一时间，我被惊得说不出话来，直到咔的快门声响起，我才从惊愕中清醒了一些。

　　不知道为什么……觉得好尴尬啊。

　　总感觉是我太陶醉于个人世界忘了周边环境，结果发愣时的尴尬瞬间被拍下来了，不知道那少年有没有被我吓到……一边在心里对少年表达了深切的歉意，我一边思考着怎么说话才不会吓到他。

　　"你……还好吗？"我组织着生硬的语言，扯出一个僵硬的笑，走近愣在原地的少年向他伸出手，"要不要我帮忙？"

　　话一出口我就后悔了，简直想为我仍需提高的没话找话技术抽自己几下，但少年好像并没有这么想，表情仍然是愣愣的，下意识地摇了摇头……好像真吓到他了，我拼命挤出一个友善的微笑，同时调整了一下自己的姿势，收回手慢慢地俯下身子，试图缓解尴尬的气氛。就在我快要碰到他的时候，少年好像在一瞬间意识到了什么，满脸通红地站了起来，把相机重新挂回脖子上，拍拍自己身

上沾上的草屑："没……没事。"

没什么就好，我暗自松了一口气，准备要来自己的尴尬照片删了，但在这时少年突然开口问道："我叫路德……你、你叫什么名字？"

名字？似乎从三年前拥有意识的那一刻起，我所拥有的就是一个数字代号。我从来没有想过名字，也没有想过为自己取一个名字，已经习惯了被用代号来称呼。此时突然被问起，我觉得无比慌乱。——我是一个，没有名字也不属于人类范畴的异类。

01……我再次想起了我的代号。如果没有记错的话，我应该是属于黄种人的外表吧。

"宁漪，"我直视着对方的眼睛说道，"……涟漪的漪。"01的谐音，应该是这样的吧？

少年笑了："嗯，很好听。"

我看着他，几乎有些说不出话来。一个正常的，可以交流的，没有利用心态的人……想起了那个空白的任务页面，我稍微垂下眼。那就……走一步看一步吧。

夕阳从漫无边际的花田尽头渐渐地沉下去，手腕上的终端又一次发出针对我大脑的刺激信号，这是两个星期以来的第四次。我停下往花田里走的脚步，调出任务页面，心中隐隐有着一种不祥的预感。

在进入到任务的两个星期中，每当终端响一次，任务的空白页面便会多出一条"已完成"的记录，却没有任何多余的文字了。对此我不是很清楚，所以也就一直抱着一种不明的心态没有去管它。可是，这也只是在麻痹自己。

毕竟，那片花田和那个少年，都不是属于我的。

加载的圆圈和点消失了，任务页面显示了出来。预感成真了，看着上面四条"已完成"下面的"任务已完成，请在二十四小时内等待接引"，我竟然有种从未有过的恐慌感。又要回到原点了……

我只要稍微想想就觉得不能接受，但眼前的"二十四小时"毫不留情地一把打碎了我对现状的所有期待和侥幸。我顿住脚步，突然转身朝着花田边少年消失的地方跑过去。就算要离开了，也要把那句告别说出来啊。如果没有任何提醒就走了，那他一定会伤心吧。

少年走得并不快，我很快就赶上了他。望着他慢慢走远的背影，我竟然有点喊不出声来，不过最终我还是犹豫了一下便脱口而出："路德。"

听到我的声音，他有些不可思议地回过头："你怎么来了？你不是回家了吗？"

我盯着他："我有很重要的话要跟你说。"

少年的神色有一点紧张，仿佛在意料之外又在预料之中。我避开他的目光，把视线投向下沉的血红色夕阳，但发现自己还是说不出。沉默了一会儿，他先开了口："走一走吧。"我点头，跟上他往前的步伐。

气氛再次陷入沉默，我们都没有再说话。不知就这样走了多久，他声音很低很低地开口："对不起，我骗了你。"

"我的名字是路德·修索……"

最后的名字犹如点燃炸弹引线的导火索。我看了看他，突然就笑了起来："我知道啊。"

那扇门悄然无息地在他身后打开，我擦着他的肩冲过去。

路德……修索……修索博士。

虽然脑子被时间卷成了一团糟，但我的意识仍然还很清楚。不断重复着这三个名字，我心中由于过度的震惊和愤怒造成的思想短路才缓缓回到正轨。

原来，他们从头到尾都是一个人。原来我从头到尾也只是一个人。

修索博士房间中的那张照片诡异地再次浮现在我眼前，我不禁狠狠地哆嗦了一下。

有着那样触目惊心的熟悉感的脸，是我的啊。

那栋楼里一块镜子都没有，原来是为了这个吗？

我有点恍惚地想。就在这时，时间的流动停下来了。我推开旁边的门，走出去。

修索博士脸上没有什么表情，坐在时间轴旁边等着我。我走过去在他旁边沉默地站着。目光中的这张脸，和刚才少年诡异的脸重合，让我微微愣了一下——我居然发现，不知道该怎么办了。

就在我心如乱麻之时，修索博士抬起了头朝我微笑了一下："怎么样？有什么不舒服的感觉吗？"

我摇了摇头。修索博士好像看出了什么，十分温和地问道：

"怎么了？"

看他的反应，好像并不能确定任务里发生了什么，于是我试探性地开口问道："任务终端的那个页面……"

"啊，那个啊，"修索博士飞快地打断我的话，"是临时故障而已——现在已经修复了。"

"哦，"我点点头，突然又开口道，"如果我没记错的话，今天应该是'休息日'吧，为什么会有任务进行呢？"

虽然任务进行的频率不定，但每个月总有那么几天是用来休息，绝对不能执行任务的。我不知道这条规则是否一成不变，但至少在这三年里，我还没有见过他违反一次。

之前没有想到这里，但现在一旦想起来，就感觉——那种隐隐约约的不对劲，就是来自于这里吧？

随着这句话出口，修索博士的脸色也难看了起来。但我毫不理会，自顾自地继续说下去："所以，我是不是可以举报您以不正当手段引诱或哄骗我私下进行任——"

"不行！"

咚的一声响，修索博士竟然已经站起了身，脸色惨白，声音有点儿抖，听着摇摇欲坠的："这都是……有……"

说到这里的时候已经失了声。我淡定地看着他："我还有一个问题。我的习惯还记得吧——接到任务的时候去查证细节、提前做好准备去应对各种事件。遇到这种事，我不可能不会发觉。所以，您是在什么时候让我忘掉之前查出的事的呢？"

修索博士没有说话，只是用着一双布满红血丝的眼睛直直地瞪着我，目光有些空洞。半天，才用嘶哑的声音缓缓开口："……营养液，"他想了想，又补充了一句，"营养液延缓期的时候……你在舱盖上蹭的伤口。"

我猛地抬起右手。伤口在时间的影响下已经结痂脱落了，现在只能隐隐约约看见一道白印。闭上眼睛做了一次深呼吸，我拼命告诉自己要冷静。在情绪尽量被安抚的情况下，我开口时却还是能感觉到内心的翻涌。离真相只有一步之遥的兴奋感和……心中泛起的、好像要知道什么大事的不祥感觉。

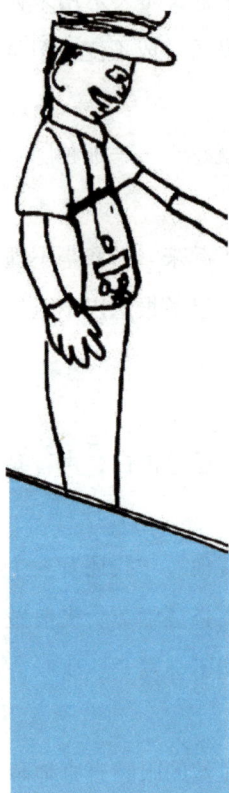

"路德·修索，"我听见自己冷冷地说，"你为了'复活'153年前莫名消失的宁漪，到底做了什么？"

修索博士刚刚整理好的表情瞬间垮塌了下来。提到那个名字时，他的身体似乎都在颤抖："……你，看来你都知道了。你就是她的替代品……不可能一样的……我把你造出来的时候就想过……你们太不同了……"

我突然笑了，语气尖锐："对啊，01从来就没对修索博士动过一点心思，甚至没有任何感情，但宁漪不一样，对么？153年前的她——暂且算是她吧——和你一样，在见面的时候对对方一见钟情？"

"事实上，不管是2167年的宁漪，还是2320年的01，对你所抱的，都没有你想要的成分。"我放低声音，仍然在笑着，"因为她们是同一个人啊，而且是你造出来的那种——没有感情的怪物。"

这句话出口的一瞬间，心中堵着的种种似乎都得到了释放。

但修索明显没有这么想，他刚刚建立起的情绪一下子被击得粉碎。"怪物，"他喃喃地重复道，"你们都是怪物。"

我看着他好像没有力气再反抗，转过身打算走，突然听到了修索伴随着剧烈咳嗽声断断续续传出来的一句话："才没有那么简单……咳……背着人命的怪物……在诞生之初……就是罪恶的……"

"什么？"我依旧笑着，回身看他，"怪物也是你亲手造出来的啊，现在……"

"咳……没错。"修索竟然提着嘴角露出一个勉强的笑，"不过你还真以为，空有理论的第一次实验，就可以造出你这样的完美品么？"

我的脑子一片空白："什……什么？"

"当然不可能……咳。"修索的语气很平静，像是在说一件很平常的事，但我的心底却有如惊涛骇浪一般，"准确地来说……是经过了九个残次品的前车之鉴，才有了你。"

"而他们，都死了。"

"因为你。"

"准确地说……你的代号应该叫10。"

"唯一的'完美品'……也是唯一活着的那个。"

"这条路，是他们用命铺出来的——"

"——你踩着他们的血，才走到了现在。"

阳光从半空中洒下来，我茫然地转过了头，看着面前趴在草丛里微笑着的十六岁少年，仿佛意识到了什么，露出了一个笑容。

刹那间，仿佛冰雪消融。

叶开老师评：

  飘茶这个脑洞大开的《Hello/Bye/Sorry》或者是下面那一串题目的作品，可真是把"脑师"我看得脑袋积水啊，不得不说，太复杂，太复杂。作为职业编辑，我梳理了一下故事线，得到了一个基本的认识：科学家路德·修索年轻时有一个恋人宁漪，但这位宁漪不幸死了。后来的一百多岁的著名科学家路德·修索努力地创造出了一个01（010）号人类生命，一个人工创造出来的智能生物（你没说是人工智能还是像普通碳基生物的人类那种人）。在一次"时空穿越中"，010见到了少年时代的路德·修索，这才发现，事情的真相是这样的。路德·修索是在科学试验中，不断地完善，最终制造出了（"创造出"更合理？）01，实际上应该是010的人类生命。这种生命不是"上帝"造的，也不是"自然选择"进化的，而是人工制造的。

  我很好奇，修索博士制造出一个完全与现在的人类一样的生命，而不是超级人工智能，他的目标仅仅是为了复原宁漪这个（可能是恋人）女孩吗？还是他还有其他更高的志向？如果仅仅是为了造出宁漪，那么，他算是成功了还是失败了？我们思考某个人是某个人，到底要用什么标准来限定？假设，两个长得一模一样的人，拥有同样的DNA，同样的皮肤，同样的外貌，同样的虹膜，那么怎么区分他/她们？也许，记忆是一种最好的区别。可是，万一，营养液里加了遗忘剂呢，如修索博士这样。

　　如果记忆空白，那么会是什么？你的作品，引发了很多联想，其实很棒的。

4 逃离那花开的地方

枫小蓝（谢崇雲） 七年级

一、钟塔响了

"当——当——当——"，不远处响起了钟塔上的钟声。

言从窗口看向高高的钟塔。钟塔上的钟非常大，夕阳照在上边，巨大时针和巨大的分针反射着阳光。它们……为什么要不停地按节奏走呢？它们从来没有休息过。要是我，早就罢工了！还有那敲钟的钟摆……从几年前起，它就每天定时敲钟，从没有间断过。言想道。

言没有多想，低下头，继续写起了作业。

当言翻开物理书，看见爱因斯坦的图片时，她突然像瘫痪了一样，一动不动地凝视着课本。

爱因斯坦。相对论。时间。

时间！言猛地望向远处高大的钟塔。钟摆已经差不多停止了，没有钟声了。但，分针和秒针还在不停地转动着。

言想起了笑。笑在3年前就不在了。但是，从来没有人知道，笑是怎么"死"的——准确说，是失踪了。

言在3年前的一个夜晚，也是笑不见之后的第1个夜晚，独自在钟塔下游荡。对啊，完全可以说是游荡——或者流浪。父母全从国外赶回来，为笑的事情办手续。家里人全来了，本该非常热闹，可是气氛怎么都热闹不起来。大家都顾着笑的事儿了，没有一个人来管言。于是那天傍晚，言在楼下吃了几个包子，便走到了钟塔下面。

时间，到底是什么呢？言当时迷惑不解。为什么，为什么时间要带走笑呢？言想。

言没有告诉过任何一个人，包括父母，那天晚上，她在钟塔下做了一个梦，或者说是去了另一个空间，她见到了笑。

"快，再快点……"是笑。笑眯着眼，仰望天空。她看向的地方，有一架小型飞机。是玩具吧？但，那根本不像玩具飞机啊。它向天上冲去，异常的快。玩具飞机，不可能如此快吧。不过一会儿，那"飞机"就几乎没有踪影了。它不会在高空里爆炸吗？它能够承受那气压？

笑低下头，揉揉眼睛。阳光很强烈。

"差不多成功了！"笑自言自语道，她转过身，"呀！言？

你怎么会在这里？"她似乎非常惊讶，"言，你知道吗？我快成功了！"

"什么？什么快成功了？"言问。

笑神秘地回答我："时空穿越飞行器。"她又说，"言，过来，我给你看看。"她拉起言的手，飞奔起来。可以看得出，她异常的兴奋。"时空穿越……这，是每个人向往的……不过，我穿越的目的，是自由。——找到时光的控制者……啊，那个时候，我们就没有1天24小时这种说法了，也没有1年365天这说法了，那个时候，就不是说'时间永远不等人'了，而是说'人永远不等时间'了！"

言惊讶地笑了笑，说："这真的可以做到吗？"

"当然！"说完，笑和言走进了……钟塔。"嘘——"笑示意言要安静。但是言忍不住就要问："笑，这里不是钟塔吗？我们来这干什么？"

"机器就藏在这儿呢。"笑低声回答，"现在，先别说话。不然，管理人员发现了，就不好了。"

笑和言沉默着，走到钟塔的最顶层。钟塔很高，但没有电梯，因此她们俩都因为爬楼梯而累得气喘吁吁。

"管理人员们从来不上钟塔的顶楼，他们就连2楼都不去——因为他们不愿意爬楼梯。我们在这儿，是绝对安全的。"笑解释说。

天哪，这是言第一次到钟塔的顶楼来。钟塔一般是不对外开放的，因此几乎没有人来过这儿。顶楼的门是锁着的。但笑竟然有钥匙。进了门，就是一间房间，房间里，是一架大大的机器。

"这……就是你所说的时空穿越飞行器吧！"言问道。

"嗯！"笑很满意，"刚刚我的那架小飞机，就是实验速度的东西。那飞机的速度，已经足够快了。只要再快一点儿，就可以超过光速了，就可以……就可以在时空里穿梭了！"

言比笑小几岁，那个时候，她还不知道超过光速意味着什么。

"言。"笑突然严肃地看着言，"言，你听好。这事儿你可能不知道：爷爷几年前跟我讲了一个传说，大概是说，在超时空里有一座岛屿——时空之岛，岛屿上住着一位长生不老的老人。那位老人，便是时间的控制者。找到他，打败他，时间便再也不会'控制'我们了……而要去那个时空，就必须穿越。因此，我才要制造这时空穿越飞行器。不过……言，这是第一次——人类的第一次时空穿越。我不知道我能不能成功。如果……如果我3年没有回来，那么，请你帮我完成这项使命。"

言还没有反应过来……接着笑就不见了。梦，结束了。

言猛地从记忆里回过神来。

那个控制时间的老人？！

3年了。笑没有回来。难道，是时候让自己来接替任务了吗？想到这儿，言害怕起来。她快速起身，跑下楼……她要去钟塔！

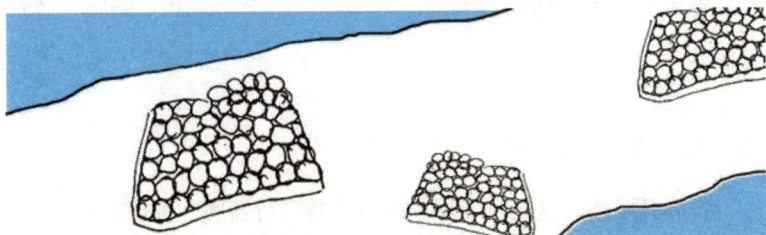

　　钟塔里的管理人员都下班了，没有值夜班的。言轻松地进了钟塔，爬上了顶楼。

　　顶楼的门，没有被锁上。言轻易地进去了。

　　言惊呆了。那里面放着一台机器。那，那不是梦里的时空穿越飞行器吗？！难道笑3年前没有用它？如果用了，它为什么又独自回到了这儿……

　　"笑！"言喊了一声。她明知道喊了也没用。笑总不可能3年都藏在这里吧！

　　言看着飞行器。它不大，最多只能装下4个人。但如果它要飞起来，这钟塔的顶儿，会不会破得不成样？看来……笑根本没有使用过它啊。言踏进了这架时空穿越飞行器。恐惧浮上心头。不过，言还是按下了那个大大的、红红的按钮。一定是那个按钮。因为……几乎没有其他的按钮了。

　　轰隆隆……boom！"啊——"言叫起来。但是她的声音完全被机器的响声湮没了。钟塔不会真的被冲破了吧？

　　"请，进入睡眠状态。喝，水。"一个机械的声音响起。应该是系统自带的声音了。喝水？面前的确有一杯水。喝就喝吧，笑不会害我的。

　　难道那是催眠药？言喝完水只想睡觉。不一会儿，她就什么都不知道了。

二、时空之岛

　　言睁开眼睛。这是哪儿啊？时空穿越飞行器呢？钟塔呢？……

这儿，像是一座山的顶峰。这不会就是笑所说的时空之岛吧？向四周望去，竟是无边无际的海洋。这根本不算什么岛啊！如此之小！不过，这地方倒是够高的，可以看到很远很辽阔的海。

言盯着海洋。她所在的"岛"上，将一片海域围了起来。

那片海域，似乎是深蓝色的，与周围的海的颜色，有不小的区别。天哪。不会吧！那座时空之岛，沉下去了？

那片深颜色的海域，确实像一座岛屿的样子……

但，如果时空之岛沉下去了，那，那掌管时间的老人，不也随之沉下去了么？人类，就永远不能掌控时间了！

笑，也永远不会回来了？！

"时空之岛！你回来！"言喊道。

突然，似乎地震了。"啊！"言竭力站稳，但她还是掉进了大海。

"救……"但是已经晚了。她感觉到了大海冰冷的海水。

睁开眼，眼前竟然是一座巨大的时钟，就像钟塔上的时钟一样。时钟上的时针、分针还有秒针，都没有走动，都是静止的。这……是海底的一样摆设吗？

言没有在意自己竟可以在海底里呼吸，她在意的，是这时钟。难道，这就是时空之岛上的时钟？

笑说过，要控制时间，而不是让时间控制人类。

这座时钟，现在完全可以被我控制啊，言想。她爬上时钟，慢慢地推动着时针。时针很沉，但她还是可以推动的。"当——当——当——"时钟突然开始倒转，发出巨大的响声。言捂住耳朵，张开嘴……时间，倒转了。

三、逃离不了花开

从钟楼到时空之岛，是空间的逆转。现在，是时间的逆转。

言不知道自己到了几年前。她只知道她还在时空之岛。她看见，那巨大的时钟还在那儿，但不一样的是，它自己就在转动！它不是静止的！时钟下面，站着一位白发老人。还有……笑！

言跑过去："笑……我来找你了……"

笑和老人转过身来："言？你来了？你……"

"我从未来过来的——从3年后过来的。我……"

笑有些惊讶，说："言，这位你面前的白发老人，就是时间的控制者。这巨大的时钟，便是他生命的时钟。他死了，时钟停了，世界上的时间就会停止。那时候，人们就不会再长大、不会再有白天和黑夜了。他告诉我，他知道自己的生命快要到尽头了。那时候，他会消失，时钟会停止，时空之岛也会沉下去。但，他必须找到一位接班人。世界不能没有时间。人类，终究不能控制时间。"

言大叫："如果找不到接班人，那不正是你想要的吗？笑，你想，没有接班人，时钟就会停止，世界上就没有时间这个牢笼了！"

笑叹了口气："不，那样的话，我就是时间罪人了。打破时间

的牢笼，在时空之岛，是罪恶。时间罪人是必须被逐出银河系的，不得再回来。"

"那，那为什么3年后，时钟是停止的？接班人呢？"

"言，没有什么接班人了。以后都不会再有了。时间自己，就应该是自由的。老人，也该是自由的。但，在这时空之岛上，一切都是被囚禁的。老人一天天反复过着一模一样的日子，似乎根本没有结束的那一天……不过，他的生命马上就要到尽头了。我们以为制伏了时间的控制者，便自由了，但其实不是的……控制时间的人，才是不自由的。"

言没有说话。她没有懂。如果时间自由了，那1天还是24个小时？还有白天，还有黑夜？那钟塔还会响？……

"人类的一切……都不会改变。唯一变的，就是老人。他会重生，不过再也不会回到这儿了。"笑看着老人，老人微笑着点点头，用沙哑的声音说："珍惜时间吧！我们不可能控制时间，我，马上也就不能了，但我们可以利用时间。不要想着当时间罪人……我们永远无法逃离这儿，有花开的地方。"

言带着笑，回到了城市。似乎，什么都没有改变。

钟塔还是一天天地响，但它的顶楼，再也没有人去过。

"当——当——当——"

"我从不该想着逃离。"笑突然对言说。

"我们是永远逃不出去的。时间其实不是一个牢笼，时间也向往自由啊。"言回答。

　　枫小蓝这篇《逃离那花开的地方》，写了对时间很深刻的反思。从钟塔到时空之岛，笑和言分别通过超光速飞行器，来到了这个时间与空间的控制中心，并且与时空老人直接面对，这才知道，时空老人是被囚禁在时空中的"囚犯"，他就像《一日囚》里那位神秘的犯人一样，在这里每天都过着一模一样的日子。但是，最终，他们明白，时间是不能被打破的，人终究控制不了时间，时间也需要自由。"时间其实不是一个牢笼，时间也向往自由。"这个非常震撼，你采用了特殊的角度来思考问题，让人与时间的这个几乎是永恒的秘密，被重新思考了一遍，非常精彩。小说前面，"笑"说"爷爷几年前跟我讲了一个传说"这个还可以更加合理，爷爷为什么会懂得这个？会不会爷爷自己就是控制时间的老人？或者，要不要设定：爷爷就是控制时间的老人？这样前后衔接，会更加完美。

5 我们的世界

狼昨（桂一今）　六年级

这是一个理性至上的世界，一切都经过严密计算。

虽说是理性至上，但也没有古老的地球时期20至21世纪的反乌托邦小说里那么严重，像什么独裁专制主义老大哥，意识思想的注射操控，一味地愚昧追求享乐，感情消失，家庭亲情全面崩溃……这些曾被预言会发生的事情，都不是现实——至少现在不是。过去和未来？谁知道呢。但是根据研究，过去数据不计算的话，未来十万年内按现轨道发展，发生危险事故，"乌托邦"形成的概率大约为0.00031415926535%。

在这个世界，每个人都有自己的独特家庭、个性、人格。但是机器会在你选择职业、专业的时候对你进行DNA和心理鉴定，为你选择最适合的，通常也是为当事人所喜爱的行业，你可以提出改变请求。在周末出去放松的时候，脑中的可调节芯片会为你建议出行路线，当然，你可以不遵守。但是遵守了会有很多奖励，所以大部分人……一切都在完美的计算之中。计算可以帮你省去很多麻烦，避免走弯路和各种的损失，感性思想还是多少存在的，特别是在家庭之中。

唯一美中不足的有两点，一点是名字。

现在很多家庭都通过机械助手来帮助起名了，导致名字都很……独特。像雎、燊这样的生僻字一抓一大把。所以机械助手下载全语言词典插件也是常有的事情。还有的家庭会给孩子起一些小名，像瑶瑶，小蓝，小羊之类的。像我绰号就叫作清风。这个名字，据我的同伴以及机械助手的搜索引擎说，是取自旧时的卫生纸品牌——但我总是坚持是取自于下面的诗句：

孤兰生幽园，众草共芜没。

虽照阳春晖，复悲高秋月。

飞霜早渐沥，绿艳恐休歇。

若无清风吹，香气为谁发。

好吧，其实我就是来卖弄一下学识的——这是我在"超古典文学—地球—亚洲—旧中国"板块找到的历史文献，而且我只会这一首！

　　清风，在这下面作为一个传播美好的媒介……使那一点美好，愈走愈远，传遍全星系群……自己还不留名，只是默默等着功劳和赞叹被"香气"独占。我可没有那么无私，毕竟现在的个人计算都是由自身出发，扩散到小群体，最终才是整个集体。

　　呃呃，玩脱了，那么，第二点，又是一个古老词汇了：技术爆炸。

　　以前旧社会因为不同的发展速度和加速度因素，加速发展文明……犯了很多错误，但也省了很多时间。

　　而现在……没有爆炸，没有错误，一切都在计算和掌握之中。但是，现在的文明，都太，怎么说吧，稳妥了，见不得有一点损失，而是小心翼翼地发展，或者根本就在原地停留着不动，不倒退，但也没有前进的空间。没有污染，但是，旧时也鲜有用新的方法治理污染。

　　评分：80/100

　　评语：请下次少些错别字，注意用语。不要太欢脱，尝试多用实例以及常量值。不可以走弯路，不要使用无故的语言，请多些理性思考。现在的政府是为了……

　　二百五十八点三七二四年后——

　　我翻看着自己的作文，当初十来岁的我还真是可爱，公然用这样的语言……来讲述，还好后果没有很严重。放下电子显示，拿起一本旧时的诗集。手指拂过泛黄的书页——不知怎的，虽然我实际年龄只有二十一岁，但我还是喜欢用旧时代的这种老式记录方式——虽然我的感知年龄还不如距离那个年代年数的百分之一，也许，是对过去几万年前黄金时代和"无知者无畏"的悼念和思怀吧。现在哪怕政府脑抽把限制取消了，没有那么神经质了，终究回不到从前啊。

双眼扫过几个字，我的思绪回到了不知多少年前，当我初次起步，懵懵懂懂不知所措的时候。当我不知道，那段叫作"过去"的时光，最终导向的是什么。

我的怨念是从什么时候开始的呢？也许是那篇作文？也许是技术的缓慢发展？也许是世界对我的各种不友好以及毕业时的分析低分？或者是我的名字来源以及要做"清风"的伟大理想？我不知道。也不会知道了。

无论如何，在我拿到了实践分第一，经过测试后，选择去木卫二的太阳系外围时空稳定维持观测站科研系统中心木卫二分部工作时，我唯一想做的，就是寻求改变。我受够了这种千篇一律的生活了，所有人做事前都要分析分析再分析，虽然没有言论限制啊，自由限制啊，但是这些还是很烦好吗……当初的我，貌似是为了一个人类的"远大理想"，才出发的呢。

【默默插入记忆芯片】

这一天的观测也没什么亮点呢，是不是？还有就是那些稳定，不稳定的小行星的无聊日常么？就当我想要关上设备的时候，我听到了系统提示音："木卫一，下侧12点钟方向出现一个未知沙发。"

啥？沙发？我一脸懵地输入沙发，得到的注解是"时空洞"——都怪这破英文系统。（注：sofa口语上是沙发的意思，又是时空洞/虫洞的初称）不知道为什么，听到"虫洞"的时候我眼前直接一亮，这是一个brave new world的大好机会啊！所以我直接使用近光速飞行器去向虫洞发射"幻影物质"（同时含有正、负物质，"理论上"可以稳定虫洞）。

往后的计划……就是我穿过这个时间洞，到了另一端，不是别的平行宇宙就是婴儿宇宙，或者……时空旅行啥的，最有爱了呢！

为了预防潜在的危险，我还是带上了转换器【简单粗暴地塞在飞行器上】——要是碰到了比较神奇的粒子波或者比较神奇的维度，或者叠加状态的鬼地方之类的……至少保证不会直接game over。第二点，要有辐射防护装置——这点不用多说了吧？当然，要是你想被伽马射线和X射线（太阳以及其他宇宙微波友情供应）烤成焦卫生纸……啊不，是能把香气用烟味掩盖起来的风的话，当我没

说过就好了。

这个虫洞已经暂时稳定下来了。现在，我需要做的只不过是默默走进去，然后在另一头出去就好了，很棒对不对？我心情大好，优哉游哉往虫洞处开始晃悠，但是，当飞行器起飞的时候，转换器上吸附的金属元件发出了声音——"滴……"

我尝试堵住发声的地方，但是并没有什么用……过了一会儿，金属元件提示要我输入任务码—10秒内不输入启动警报系统。

"10……"我还没反应过来。

"9……"任务码？貌似是执行部门每次执行任务的东西呢！

"8……7……"

喏……只能蒙了。想想一般会用什么任务码，我以前做的任务。

"6……5……4……"对了！我上次的任务是C0013号，也是最后一次用转换器的……只要挨着输下去，就没有问题了吧？总部编号总是这么有条理性。

"3……2……"在千钧一发之际，我按下了"C0014"这几个字符。

"……任务暂停，已检测到任务码。"

啊？成功了？

"扫描中……结果：此任务码不存在。"我忽然发现了我上次的任务是最后一次S级了，所以……C0014根本没人下达！

"滴……滴……滴……"

过了几秒钟，警报声响起。

现在该怎么办？两种选择，一种拼概率自己裸进虫洞，赌对面的世界正常点不会出现……不好的事情；还有一种，待在这里，待会找个借口或者认账，大概率死得很惨但是命肯定还在。

我这时候在想：我冒险的理由是什么呢？就是：不要怂，爱拼才会赢。或者像某首古代诗一样让自己的风吹到远方。……所以，前者走起。至于这个大洞烂摊子……嗯，爱咋咋地！

还好吸附式拿下来还是比较方便的。果然，清风就该从一个地方，飘到另一个地方。我也很庆幸防护装置没有警报或者别的东西，不然现在我不可能活着了。

"……"万物都安静了。

或者说，这个地方，有"物"么？

随手打开检测的屏幕，上面显示了这样几个字"检测到区域：婴儿宇宙"。

嗯，现在唯一可以确定的是宇宙大爆炸理论貌似是真的。

白洞一样的区域，虽说叫婴儿，但是不知道有着怎样辉煌的历史呐……我们的宇宙的历史，是什么样的呢？本是同根生，这里的可能性，可比原先那个地方多多了，虽然……人，或者各种在我们的定义中的"生命"少了些……好吧，不止"些"。

这个时候的这个地方，还是一个崭新的奇点吧？质量比太阳好不到哪去？那么，就让我看看，在这里看看，未来，是什么样的呢？

……未来就这样？

我不服。

我们宇宙的黑洞坍塌就出来这个鬼东西？

什么时候变得大大大大大大大一点啊。

什么时候形成星系，行星盘什么时候出现行星啊。

我等得花儿都谢了……嘤嘤嘤！

过了不知道多久，我决定放弃自己疯狂的举动，回家乖乖的，技术爆炸不要了，不要清风怎么吹了，命在就好！

……然而 我找不到虫洞口了。

这是为什么呢？

我稳定的时候只稳定了一头？

最神奇的虫洞，传送的地方会改变？

…………

无力回天。

"无力回天？那可不一定。"

"什么鬼声音？为什么这种婴儿宇宙还会有……声音？"

"婴儿宇宙？nonono，原来主时空还是这么落后的么？这和婴儿宇宙啥的半毛钱关系都没有，真不知道你们的检测仪咋想的……"此后，莫名的声音开始了吐槽。

"这里，是时间。"

"时间？话说要是你们是时间……我们的……"

"好吧，确切地说，这里是一个附属宇宙。不同于婴儿宇宙的想象大气球长气球长气球长气球，这个概念等于在大部分的气球上都有一块凸起——这就是我们的存在形式了。至于那些没有凸起的宇宙……就进入了一种循环的尴尬状态了，因为没有流动，所以会把时间在一个段内不断地循环往复，要脱出几乎没有办法，除非你瞎猫碰上死耗子，被一个虫洞甩过来辐射还没有把你整死。"

"……要是没有时间……会有黑洞坍塌生成婴儿宇宙么？"

"这个，理论上是可以的，这也是虫洞（全是辐射，没有任何逃生实例）以外的第二个点，要是在这个宇宙存在'蜜汁'黑洞，在循环的某个节点坍塌，那么这个循环就会被打破。"

过了好一会儿以后，"时间"才反应过来："对了，你你你……是怎么来的的的的的的？我我我我我……才见过第二批人类，这批就你你你你你一个么？"

"哈？"

"对呀，以前第一部分你们不是有人来探过么么么么？"

我的脑中直接出现了一个画面：

公元不知道多少年时，人类文明认为自己有足够实力来探索黑洞、虫洞、白洞。合出"暗影物质"的人类成员进入了海王星和天王星交界处的虫洞内，并因为海王星的"风"受到了一点影响，但最终还是平安进去了。

过了几天，还是没有人返航。人类文明不计后果，为了触手可及的真相，在过后的几天内送了几组（约十万人）到不同的虫洞内。结果，过了n年，没有任何人返回。从此，政府很害怕。冲动决定禁止一切感情用事的因素以及冲动，并禁止任何可能造成人员有生命危险的科研活动，只能用安全方式进行。

我瘫了下来："这就是为什么……政府那么神经质？"

"按你的理解方法，是的。怎么样，他们还不错吧？"

我没有回答这个问题，因为我不知道怎么回答。

为了安全做出各种限制，不但香气没有清风引，清风飘都飘不来了。

"……那些人怎么样了？"

"？"【对方并不想理你并朝你丢出一个问号】

"就是……那几万个人。"

"是这样的……我们，作为时空区域，是无权干涉主世界的正常发展的，我们只是来管理提供时间这个概念，不同的时间，也就是为什么时间是相对的又一个说明。"

对方在你看不见的情况下咽了咽口水。

"但是……我们有权限去到，并且使别的东西进入其他的附属宇宙并增加时间节点的'模拟系统'，也就是……主宇宙的任何时间节点可以设置在附属宇宙里面。所以我们的权限是大于其他附属宇宙。"

"所以你和我废话这么多就是要说明他们在附属宇宙安居乐业了？"

"不是的。是想告诉你：这个宇宙只有两个附属，一个是我们，时间，还有一个……"

"是什么？"

"是没有附属时间的，循环态。"

"……"

为了避免尴尬，我干咳了两声，问道："对了，没有时间的宇宙，怎么可能循环呢？"

"因为宇宙要是静态的就会'蜜汁'尴尬……所以没有时间的循环是由主宇宙的部分'过去'来实现。"

"……嗯。"

"对了，我可以说了么。"

"说吧。"我做好了最坏的打算。

"你现在有两个选择：一个是进入附属宇宙，一个是留在这里。"

"那么……当初的探索者是去了附属宇宙咯？"

"是的。"

"那么他们现在呢？"

"不知道。但是要是你去到和他们一样的时间节点的话，那边的宇宙会有记录，就可以看到他们的状态。"

"就是说年龄在这里是静态的？每天的状态也是？"

"是的。你决定好了吗？"

"嗯，请送我去……等等，附属宇宙和这里是相通的吗？我的意思是，两头？"

"是的……理论上，没有测试过，但是权限说明是我们可以任意往返。"

我的嘴角扬起微微一笑，似乎已经知道该怎么打破这个循环了。清风，不只是可以把香气吹到更远的地方，更可以让野火燎原，最后打破规则。

"那么请送我去以前的人民群众选择的节点，并且在三个循环后返回。"

这个技能太牛了，只要不是记忆，NPC都可以传送。

"传送……中国上海。"

【略过，三个循环后】

"我回来了。"

"你回来了。"

"呃……近十万人选择的节点是不一样么？为什么只有三十个？"

"呃……找齐了么？"

"是的。"三十人点了点头。

"都是一样的呀。"想象了一下"时间"耸了耸肩的样子。

"……那么，循环还会出现意外事故的？"

"没错。虽然年龄和状态是静态的，但是……但是……但是……"

"但是什么？"

"伤亡或者生存状态是动态的。"

"每天更新的时候嘛……GG。"

"不聊这个了。你们传送一次需要多久？"

"不久吧。几微秒最多了。"

"那么，我们回到刚才的时代，等到有虫洞被打开的时候把我们扔回来。我飞行器不是还在么，里面有一些稳定性的物质直接一棒子打过去就好了。"

【略过无数个无聊的循环】

"我们回来了。"

"和新来探索者解释了一下情况后，浩浩荡荡，大部队回去了。"

清风带着火焰，吹破了一层名为规则和限制的纸。

星星之火，终于可以燎原。

叶开老师评：

好吧，"清风"小姐吉祥，我可以承认，没怎么看明白最后的"三个循环后"的处理吗？"清风"穿过虫洞这件事情，包括之前的那些描写，都超级牛X，这点我很承认，尤其是，开头的那个很酷或者很搞的部分，是你顺便引用了李白的诗，并顺便点了一下小蓝、小羊什么的，都很好，很顺便，很快乐。这个我很喜欢，尤其是，后来成年之后，看自己小时候的作文这个梗，设置得那么那么自然，我也是很服的。至于到木卫一观测站，然后看到了虫洞，根据某个概率，拼死钻进去了，直接和一个家伙——他/她/它是"时间"，在汉字里我一时找不到合适的代词——对话，并非婴儿宇宙，并非时间空间的奇点，而是某个附属宇宙，权限很大，比其他附属宇宙的权限大很多。我不是很有把握你在干啥。是时间宇宙吗？或者多重宇宙，或者其他什么的"附属宇宙"？我喜欢"附属宇宙"这个发明，尤其是，"循环"去了"旧中国"的上海，这件事情非常搞，很有意思。只是不明白怎么循环着循环着，就变成可以合理穿越的正循环了。我不知道怎么评价才好。"星星之火，终于可以燎原"这个确实，但是，怎么"燎"起来的？我一脸的懵呢。

　　总之，我喜欢这篇作品，看起来很高大，很深奥，也关键是阅读有乐趣。你在最后这个"循环"部分，能稍微给"麻瓜"如我等做一点点解释吗？这样好让我可以真的脱离现实。

6 时光之外

雪穗·茗萱（朱硕）　六年级

我不知道现在是什么时间。我也不知道现在是什么地点。我只知道，我被囚禁了。囚禁在世界上最恐怖的地狱，名字叫"时间与光年"。顾名思义，这种地狱被时光折磨，地域非常大，以光年计数，也简称"时光"。只要你进来了，根本没有逃出的可能。

这监狱专门关押"世界上最危险的囚犯"。

每个人根据"犯罪"的不同，判给他不同时代的一天与不同大小的指定空间。无论囚犯到了哪里，做了什么事情，当每天夜晚分针指向十二点时，指定的那一天又开始重复。不知道哪位可敬的领导给了我极大的空间，将历史上的那个名叫中国的地域指定给了我。

而指定的那一天，应该是冬天的一天。

我来自某一星球上的某一块大陆上，那不属于地球。那里的世界有着灵气，人口只有一千，人们都在修炼自己的法术，法术各有不同，有水、风、火、暗、地、光、气七个法系，却一个个都强大到可以摧毁一个星球。其他世界上的人类害怕我们，便组织几代人力，偷偷花费一个世纪多的时间造出了时间牢笼。可那对我们根本构不成威胁，我们很快就攻破了那时间牢笼。可真正厉害的还在后面。那个被我们轻易灭掉的那个根本就是假的，真正的地狱就是"时间与光年"。

我们世界上的所有人一同合力，尽力毁坏真正的时间牢笼，却也没有完全摧毁。当时，双方为了保护自己的世界，打败对方的敌人，都拿出了自己的撒手锏。我们这方用上了七系合一的力量，尽力将时光牢笼轰出了一个大口子。可是没想到那却引起了时光牢笼内的系统紊乱，直直射出一道强力向我们的世界飞去。眼看世界将要被摧毁，我们世界将无一幸存者时，我们世界上的人民，集中最后的力量，将每个人的法术统统传给了我，又有一些人，拼死守住了我们的世界，将它隐匿起来。母亲拼尽力气对我说："不要忘了，你身体里有着我们族人毕生所有的法力，但你只能使用一些，其他的被封印在你的体内。只要力量觉醒，你就能突破时间的牢笼，找到我们的世界，找到时间之源，摧毁它，时间与光年就会不复存在。如今，我们都要去了，你将会成为唯一的幸存者。记住，我们都是为了什么，不要怪我们，你的身份是——"母亲没有说完。

　　我快疯掉了。我想要离开这个世界。可这毕竟是一个监狱。只要有想要轻生的念头，就会被一种力量轻轻拉回来，不伤害我丝毫。太可笑了。

　　又是一天。我漫无目的地随意走到了一个小村庄。这里张灯结彩的，像是在过节。所有人穿上了喜气的红色，这可与往常不同，这给了我那灰色的憔悴世界一点艳丽的彩色。我走了进去。这里的人们在放声高歌，点着了鞭炮，门上贴着红色的对联，还有小孩子正在给长辈磕头。

　　我苦笑了一声，原来，在时光牢笼的这一个小角落，人们在过着春节。我远远地看着，心里被温暖了些。

　　"被囚禁得很郁闷吧。"远处低低地传来一个声音。

　　我吓了一跳，转手挥起我仅可以使用的一点风系法术飞快地离开了。

　　我喘了口气，坐下歇息。

　　"怎么，还怕我了？"

　　我急忙御起水系法术，在我的四周筑起了厚厚的冰墙，哆嗦着问道："你是谁？"

　　"我是谁并不需要你知道。"

　　"那你为什么来找我？"我在体内暗暗运起气功，蓄势待发。

　　"我想与你做场交易。愿意，你我便是朋友；若不愿，大家各自被囚禁，安安稳稳度过这一生。"

　　"什么交易？"

　　"你出来吧。大家都这么说话，难免不便。"我运起火系魔法，熔了冰墙，仔细看向前面。"出来吧，别这么躲躲藏藏的。"

"我已经在你面前了。"

"什么！"一个年老无力的老婆婆！她怎么能跟得上我的风系魔法？

"很好。我是居住在你们——哦，是类似你们那个世界的一个世界上的人。"

"这不可能。理应来说，一块地域只会关押一个人吧。"

"是的。可是我既然能来，又能找到你，就说明我的话是真的。"

"那么，你说的交易又是什么呢？"我警惕地看着眼前这个人。

"我的世界上有一种特殊的力量，可以让我们活得很久很久。可是既然被关进这该死的牢笼，这种力量也基本上没有什么作用了。不过，既然我发现了你，这种力量也就能发挥巨大的作用了。"说到这里时，老婆婆脸上闪过一丝奇特的神情，"如果你合作，你的一天将拥有另外一个小时，第二十五小时。在这第二十五小时里，你可以做任何事，不被任何人知道。当第二十五小时过去后，你所做的事情结果还在。但是，你必须在第二十四小时五十九秒之前回到你第二十四小时所在的位置。"

"但是，在这个空间中是不可能凭空出现来自另一时空的一小时，那么这一小时又是从哪里多出来的呢？"我奇怪地问道。

"我的时光。"老婆婆平静地说，"我的时光还有一个世纪，但每天都过着同样的一天真是太令人悲哀了。这么多时间，不如给值得拥有的人拥有。"

"谢过了。那么，既然是交易，那么你要求我的条件是什么呢？"

"时光牢笼的摧毁与我的自由。"

"成交。"

第二十五小时

这天晚上，我没有睡。我直直地盯向时钟。

五十六，五十七，五十八，五十九——我闭上了眼睛——闹钟停下了。我睁开眼睛。这一切，并没有变。只不过，所有的东西都停下了。包括，我现在所在时空的时间。我的的确确拥有了第二十五小时。我带上一块老婆婆给的手表。在这第二十五小时里，只有这块手表在照样运转。

我不敢耽误，飞快地运起风系法术跑向被我族人打破的缺口。看来七系合一的力量真是强大，这缺口经复原许久，可还是未能修复。现在这里被一股强大的力量包围着，没有外人能够近距离接触这缺口。我运起法力，将水、风、火、暗、地、光、气的力量凝结在手中。

"喝！"我猛然运功，将所有的气力打向那个缺口的四周。

"当！"我的法力接触到时光牢笼的表面，瞬间被弹了回来。我猝不及防，被反弹回来的力量狠狠撞上，跌倒在地上。这可是我全部可使用的力量啊！

我跌坐在地上，调养气息。我好不容易运好了一口气，力量的反噬又让我的气息微弱起来。我强行提起一口真元之气，强迫水系元素疗伤。渐渐地，我的身体再次稳定下来。可是，强行提起的真元之气未免有所伤身，我跌跌撞撞地回到了我的屋子里。

想要离开这个时间牢笼，对我来说，还真是一件难事。地球人类似乎发明了一种无坚不摧的材料用作这个监狱的基本制材。如果是这样，我怎么可能突破这时间牢笼？看来，只靠七系合一的力量是完全行不通的，必须结合太空舰艇与七系合一的力量才行。可问题是，我体内的力量还没有觉醒。

"宇宙啊，我究竟有着什么错？"

终于觉醒/清醒

转眼间，第二十五小时就要过去。我闭上眼睛，等待着重复一天的到来。可是，这一天，好像不空虚了。我又在这广阔的大地上兜兜转转，走走停停，极力等待着第二十五小时的到来。终于来了。

我没有耽误任何时间，立刻到了时间牢笼的缺口。走到缺口的面前，我坐下来准备运功。可是，这里怎么有些异样？重复的每一天都是下雪天气，土地本该湿漉漉的。可这里干燥如常，还暖烘烘的似乎有点发热的迹象。我抑制不住好奇心，翻开了草皮。一层一层地挖，终于，一个金属光泽闪现了出来。我大喜过望，继续翻找着。终于，发现一道隐门。我运气功掰开了门上的锁，闪身进去。这里摆满了图纸与笔记本，但是积了厚厚的一层灰尘。这里的一切，似乎都很久没有人来过了。

我吹去灰尘，翻开笔记本。

"太好了！"这本子上写的似乎是一张地图。而地图的入口，就是这房间的一处地方。这里的书架会不会有些蹊跷呢？我竟然推动了。

走的过程没有什么好说的。跟着歪歪扭扭的路线，我找到了迷宫的尽头。这里又是一个房间。不过还好，没有任何形式的锁。推开门，走了进去。

"这是太空船舰？"我怀疑我看错了。但我没有。这的的确确就是太空船舰。我打开气闸，进入了船舰内部。这里的武器、设备一应俱全，只不过有些老旧。我看了看操纵室，还好，这些我都会使用。旁边，还有可移动发射装置与站台。我深深感到，走的话，今天，便可以使用了。

我看看手表，现在还有二十分钟的时间，第二十五小时将要过去。我尽我所能，尽快回到了地面，用尽全身力气做起了破坏。我让整个地域的电全部停止，卫星全部毁坏，并在漏洞旁边炸毁了许多东西。而我发现，手铳还是挺好用的。

我的计划果然成功实现，第二天人们又过了一次春节，可在小孩子们磕头之前，上面的人便停止了我所在地域的时间循环，还有许多军用舰艇和各式各样的武器，都被陆续分派到了这里。我还被叫去进行盘问，可他们完全不知道第二十五小时的存在，因此所有证据都说明我不可能毁坏了这些。我心里偷笑。在军方进行盘查的同时，我悄悄进入地底，将船舰的发射位置移到了地面。在今晚六点，我将实行我的计划。

我坐上船舰，深吸一口气，按下了发射按钮。由于速度被我调到了最慢，当有人发现我时，我正跃出地面，升到了缺口的位置。

"开火！"数十个手铳的力量袭向了太空船舰。我毫无退缩之意。我凝结体内水元素，在船舰周围筑起冰墙。我知道，冰墙怎么可能是手铳的对手？可我这么做是为了拖延时间。当冰墙瞬间被轰碎，几十只手铳的最大能量即将打在船舰身上时，我猛地一个盘旋，躲开了攻击。而能量打在了缺口的强大能量墙上，发出沉重的砰的一声。我也举起了手铳，打开了船舰上的所有大炮朝能量场射去。同时，我提起了全部的真元之气，发出了七系合一的力量！

这是一个关键的时刻。

破不破就看如此了。

我闭上眼睛。

我不敢面向失败。

接下来是死亡吧。

过后，又是什么呢？

"Duang！"

能量场破了！我用尽了所有的真元之气，怕是出了这里再也无法恢复了。而在这时，我感觉一股力量在我体内奔腾，法力增长到了原来的几倍。

"难道——沉睡的力量觉醒了！"我趁此机会，再次朝缺口发出了全力一击！

一时间，风云变色，日月无光。

一击必杀，这是七系合一的真正境界。

我驾起太空艇，飞快地从缺口跃了出来，朝我们的世界飞去。

我知道我是谁了。或许，我生下来就是为了对抗时间与光年吧。我就是时光之源啊。只有时光之源才能对抗时光。

这次多亏了舰艇与手铳们。

我们的世界，也许在时光之外。

叶开老师评：

　　雪穗·茗萱在写作上极有创意，你结合玄幻和科幻，来写"族人"把所有的力量都交给"我"，然后，期待"我"在某一个时刻，能够打破"时光牢笼"。前后逻辑很顺，故事结局也非常合理，读起来十分吸引人。

　　读到这里，我想写作时要考虑到两个方面。一、"时光"到底是什么？林汀在她的作品里，考虑到对"时间"的论述，让我们知道时间到底是什么。你这里，囚禁"我"的时光，最好也描述一下，是对手做的一个高科技或玄幻的装置呢，还是一种宇宙的力量？不同的力量或装置，需要不同的方法来对付。二、小说里出现的"老婆婆"有些突兀，可以在开始时，母亲就做了事先的"暗示"。例如，母亲告诉你，你会碰到一个"慧者"，她将会把自己的力量或能量传递给你，让你拥有超级力量，可以通过缺口，打破"囚笼"。还有，那艘飞船，也要做一下预先的介绍，例如，这就是"慧者"老婆婆预先放在那里的，这样，"我"才能运用。写作上，你已经非常厉害了，需要提升的仅仅是细节的合理性。这些前后之间的逻辑和细节，会让作品更上一层楼。

7　时间的牢笼

莞若清风（龚莞清）　五年级

引子　你我皆是星辰

在浩瀚的宇宙中，太阳系算是什么？地球算是什么？我们人类又算得了什么？茫茫星际中，你我皆是星辰。

第一章　火焰中的诅咒

"嘭！"震耳欲聋的一声，火花四射，太阳黑子因过于密集而爆炸了。地球——仿佛它的诞生仅仅是一次偶然，如同星际中的过客。从它降生起，就让生活在地球上的所有生物伴随着一种谁也摆脱不了的诅咒——时间的牢笼。从原始地球到现在的工业社会，时间，永远是不可控制的东西。时间也是最残酷的力量，如同一只大碗，笼罩着地球上的生命。它，是无形的，无声的，却是不可控的，我们都是时间的穷人，都是时间路上的过客，就像地球是宇宙的过客一样。

我是Tina I Mary Ella小姐，你可以叫我Tina。大家都说我的名字很奇怪，我也这么想，不过我总感觉它蕴含着一些奥秘。我今年20岁，从小和爸爸生活在一起，不知道妈妈是谁，又在哪里。同所有人一样，生活在时间的阴影下，总因不能掌控时间感到懊恼。不过第六感特别敏锐的我总感觉自己和别人不太一样，因为我每天都在重复着一个梦境，梦中有一名看不清面容的女子一边渐行渐远一边说："Tina，don't forget time，time，time……"

似乎我和时间有什么关联。

第二章　百慕大三角的秘密

0：01这几个银蓝色的字在我的电子闹钟上闪烁，我望着电子闹钟，哦，0：02了，我的生命又少了一分钟。我睡不着，便坐起身来打开台灯，翻开床头摆放的一本书——《超自然的力量》。随手打开到一页，一个大标题吸引了我，《时光隧道》，我继续往下看，"有一艘潜水艇在百慕大三角处消失，7分钟后又出现了，而船里的成员却老了5至15岁。"天哪，真不可思议！我又往下看，"有一艘轮船也在百慕大三角处消失了，在20年后出现时，船里的水手却丝毫没有变老。"

我啪的一声合上书，这不就是"时间隧道"吗？我裹上睡袍，奔到电脑前，搜索：百慕大三角。发现了许许多多类似的事件的报道，要么是时光暂停，要么是时光加速。"天哪！"我不禁惊呼，如果事件属实，我们能不能通过百慕大三角来掌控时间呢？我点开e-mail，给我的朋友Mia发了一封电子邮件：Hi，Mia，暑假想去百慕大三角玩玩吗？她爽快地答应了。我想，我们这一去，能不能再回来呢？

第三章　时光隧道

终于放暑假了，我通知Mia，7月15日在国际机场见面，飞往北美洲。我收拾好行囊，带了些随身物品，最重要的是带上便利折叠船以及一块看上去非常古老的金手表，据爸爸说这两样物品都是妈妈留给我的。来到了机场，Mia已经在等着了，她今天穿了一件蓝格子连衣裙，戴了一顶浅蓝色的太阳帽，背了一个蓝色的背包，手里还拿着一只蓝色的行李箱。一身蓝色系仿佛是大海中的精灵。

"Hi，Tina！我在这儿！"她向我不停地挥手。我跑到她身边，小声而又很严肃地对她说："Mia，这次的行程可能会有危险，如果你不能接受的话现在就可以走，我能理解的。"

"那我就更要跟着你走了，一是我本身就是喜欢冒险的人，二是既然危险，我不能让你一个人去，我们是朋友，对吗？"Mia一本正经地对我说。

我感动极了，激动地握住她的手说："好，我们一起走！"

经过10个小时的飞行，我感觉筋疲力尽，和Mia在靠近百慕大三

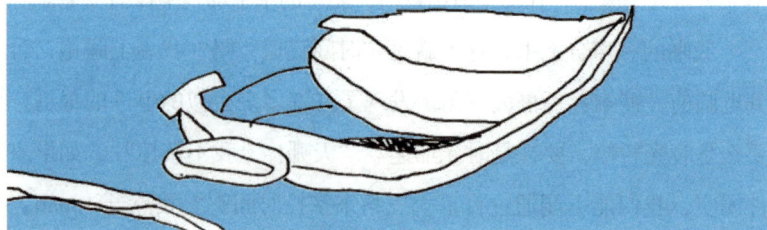

角的一家叫百慕大三角酒店里租了一间房，洗漱完就去休息了。奇怪的是，今晚的梦不太一样，同样是那个女子，只不过今天她是渐行渐近，嘴里说着："Tina，you finally find the right answer，answer，answer……"

这次我看清了她的模样，一头金色的长发，眼睛也是金色的，闪着耀眼的光芒。她头上戴着两片金色的橄榄叶，细长的脖子上戴着一串用金子做成单词"time"连成的项链，白皙的手腕上也戴着用金子做的"time"围成的手镯。她穿着长长的罗马式长裙，裙尾的金边和腰带也都是用单词"time"围成的，这么喜欢"time"，莫非她是时间的控制者？

第二天一早，我们便来到了百慕大三角。我撑开便利折叠船，把它放进水里，和Mia上了船，深吸一口气后向水中央划去。水面静悄悄的，跟普通的湖没什么两样。也不知到底行驶了多远，忽然，湖面上空狂风大作，湖面上形成了一个巨大的漩涡，我和Mia都在大声尖叫，紧紧抓住船边。我的船被漩涡卷了进去，我闭上了眼睛，完了完了，我要死了吗？我要死了吗？我好不甘心啊！也不知过了多久，我发现船平稳了下来，而我并没有死，耳边还传来了挂钟行走时的嘀嗒声。我缓缓地睁开眼睛，只见我处在一条蓝色的隧道里，隧道的墙壁上全是滴答响的闹钟，我习惯性地看了一下手表，早上9点。我惊讶地发现，秒针不动了。我推了推仍然紧闭双眼的Mia，她睁开眼，被眼前的景象惊呆了。就在这时，我突然看见有一只手腕上带着用单词"time"做成手镯的手穿过隧道的墙壁而来，抓住我们的小船，把我们往上提，莫非是她？我的梦中人？

第四章　时间的孩子

　　我们从隧道里被提了上来，来到了一座金碧辉煌的宫殿里，雪白的墙壁上用金字写满了"time，time，time……"金色的吊灯也坠满了"time"，让人有一种就在时间中的感觉。我看到了那位我在梦里见到的女子，她仍穿着那件罗马式长裙，还戴着原来的首饰，她的笑容还是那么恬静，但给我一种很熟悉的感觉。那女子开口说话了："Tina，我的孩子，你终于找到了我。"

　　"我？你的孩子？"我和Mia同时吓了一跳。

　　"对，我叫Time Sally，你是我在四维时空游历时用我的DNA制作而成。"说着她拿出一支上面也写满了"time"的笔，在空中留下一行金色的字"Tina I Mary Ella"。接着，她用手删减掉"i，n，a，a，r，y，l，l，a"这几个字母，剩下的字母组成的单词使我和Mia都目瞪口呆——TIME！我就知道我的名字有一些奥秘！

　　Time笑着对我说："我就是存在于多维时空里的时间，而你就是时间的孩子。"

　　我有点眩晕，WHAT？我妈妈是时间！

　　还没等我反应过来，妈妈又对说："孩子，你在这儿不能待太久，毕竟你们的消失会给四维时空的人带来很大的不解。临走前，我要给你一样技能。"

　　妈妈边说边把手放在前额上，她的脑袋瞬间开始发光，眼睛也开始闪烁金光。然后她把手放在我的脑门上轻轻一按，顿时，我感觉浑身都充满了力量，体内有什么能量在翻滚。

　　"我给予了你掌控时间的能力，去你的时空里好好生活吧。"
说罢便一挥手，金碧辉煌的宫殿消失了。我和Mia又回到了百慕大三
角的堤岸边，水面风平浪静，我低头一看表，还是早上九点钟。

　　掌控时间的能力到底是种什么东西？是我的时间会比别人多
些？还是我可以随意控制别人的时间？谁知道呢，至少我知道我妈
妈是谁了！

叶开老师评：

　　　龚莞清的这篇《时间的牢笼》我读得津津有味，写得
非常令人着迷。Tina的身世，用"Tina I Mary Ella"这个
方式来解密，写得匠心独运，很有智慧。这里面，Tina在梦
中一直听到一个声音，指引她去寻找自己的身世之谜，这个
设定非常好，因此，Tina去百慕大的探险活动，就很合理。
她和小伙伴Mia一起去百慕大，这是一个出现过各种奇怪
事情的地方，去冒险，要经历时间的损失呢，还是时间的增
加？这些都是未知数，因此，也是你这篇作品的悬念所在。
我觉得，你还可以考虑，Tina获得了控制时间的能力之后，
她忽然想到，要给自己的好友Mia一些额外的惊喜。Mia陪
Tina大老远来百慕大探险，她在作品里也应该发挥作用。
这个作用，是让每个人物的出现，都有一定的用处。读你的
作品很愉快，祝贺你！

8　五维——时间边缘

二郎（陈醉）　六年级

3046年，人类已经完成了重返地球的计划，科技也在原本就强大的基础上凭借地球环境的优势，继续迅速发展。这次，他们的目标是突破维度。也就是在突破一维时间，如果能成功，方能掌控时间，也就能像科幻作品中一样完成时间旅行。

论文：五维世界旅行必备物品

但是探索五维世界素来是个人类大难题，这个烧脑的问题都快使人类为之焦灼四五千年了，仍然没能研究出来。

我，艾伦，也是为此想法费尽心思的广大技术师、科学家之一。现在，我和广大科学家们一样，狂热般迷上了这个问题，每天都是不睡觉24小时思考写论文的生活，电脑和量子投射桌椅是唯一的生活用品。

在无限的匆匆忙忙中，我终于得心应手地写出了我最引以为豪的杰作——《论五维世界旅行必备物品》内容如下：

1.你需要做一个小小的手术：改变你的视网膜。在四维世界里人们用眼睛能感觉到二维，然而你到五维空间里，你的眼睛就至少要能感觉到三维，那么你的眼睛就不能是一个曲面，你的眼睛需要能感受到三维，也就是说，你需要拥有所谓的上帝视角。

2.你不能带贵重物品，或者你需要一个量子转化器，将你的东西变成颗粒。因为那句定理，想要穿过一个四维世界里无限高、宽、长的墙，只需要再增加一个维度就行了。所以五维生物可以做到这一点：你的东西可以被五维生物神不知鬼不觉地拿走，就算你怎么防也防不住，因此就只能转化成颗粒。

3.你需要一个偏光眼镜。最简易的那种就行。因为像一维生物无法理解二维世界，认为混乱，二维生物同样无法理解三维世界，一样认为混乱，在五维空间这个运动于时间轴的世界里，这个由无限的过去、未来组成的超立方体里，你会迷路。这不是开玩笑，而现在出产的偏光眼镜都自带稳定性导航让你看得见也知道方向。

....

文件丢失

然而，在我空间转移到人类总部的虚拟会议室后，会议开始时我竟惊讶地发现：我电脑上的数据竟不见了！而且还消失得挺干净，我电脑上备份的另一份也没有了，连我昨晚发给别的议员们的数据竟也不见了！所有人感到万分奇怪。不过这种事我们也都遇多了，先来访问此文件在记录中查找来源，再发射反式型号查找对方地点就OK了。然而在记录中，并没有任何人访问此文件，因为这个文件是经过我加密的，也不会有人会有如此好奇心，那是谁呢？而且我写了的事实所有人都已经看过那篇文章了。

就在散会后，我回家用完中餐，突然有一个未知用户名和我在我的电脑上交流："那篇文章别人看过了吗？"

我答："看过了。"

瞬间，那个用户就下线了，我们的记录突然不见了，网站上再也找不到那名用户。

我再次将所有议员聚在一起讨论这个事情，突然发现会议室的大屏幕上有人传来信息。我抬头一看，竟是那个用户！他俩的头像都是一个看起来荒芜的星球，并且没有名字。信息内容是一串数字乱码，里面只有4、6两个数字，我们马上想到了二进制，可是怎么换，都换不成一句英文。

突然，我竟破天荒地发现，4和6同时往左三个就是1、3，而三倍制的密码就只有摩斯电码一个，然而结果还是出我意料：daed era uoy htrea eht fo noitcurtsed eht esrevinu eht fo noitcurtsed eht gnihtyreve rtanimod lliw emit.这到底是什么意思呢？令人烧脑。于是我将它抄在虚拟投射板上。

然而，就在我洗脸时，虚拟投射版突然发出了滴答的声音，我低头瞟了一眼，大吃一惊，原来这是故意反着写的，而字母又没有反着写，因此看起来怪怪的，这次智能投射版倒是帮了我一个大忙，那么内容就是：You are dead. The destruction of the earth. The destruction of the universe. Time will dominate everything.（你已经死了。地球的毁灭。宇宙的毁灭。时间将主宰一切。）

这明显是恐吓信，可究竟来自哪儿？我突然有一个想法：这次的讯号它暂时还没有退掉，不如我发射反式电波查找来源。于是我马上开启电波，结果出人意料！显示器里的数据是这样的：1，2，3，4，5，6，7，8，9，10，11……从1到后面的无限不停飙升，也就是说，这个来源无处不在！

我梳理了一下思路：能神不知鬼不觉地盗走数据、可以迅速下线逃避信号、可以做出密码、无处不在，还有那个头像是指没有星球吧，那么，这些所有的信息都把矛头指向了——我预想中的五维生物。

向五维世界进发

那么，目标：五维世界！

五维世界的定义是指光以外，宇宙以外的世界，也就是多元宇宙中的外宇宙。我早已做出假设，现在就来验证了：只要在宇宙的边缘进行超光速运动，大概就能进入五维世界了。

我立即乘上继天鹰二号后的第十架飞船——天鹰十二号飞船。与天鹰二号不同的是，天鹰十二号是个人飞船，而且能在空间穿梭、跳跃之外，以推进器就能完成超光速飞行。这艘比天鹰二号更小更精致的飞船本来就是我为四维空间探索而特别设计的，现在，它将载着我为人类突破维度，拯救四维世界，冲破时间的牢笼！

"开启，虫洞，空间跳跃！"随着我的声音，声控的飞船已经准备虫洞完毕，并开始以第一种形式行驶——虫洞飞行。几次跳跃之后，我渐渐穿过了银河系，接着穿过了一个又一个银河系，最终达到我认为差不多是四维世界的临界点。

"卸下已用虫洞推进器，准备用后推式推进器进行超光速飞行！"随着我的一声令响，飞船身后的空气渐渐被压缩成了一个虫洞，而飞船早已开始加速，"快了，快了！"现在，飞船已加速到了光速，化成一束光穿梭着，最后，外置的监控器里什么也看不到了，我也只能感觉到在飞而看不见任何东西了。我欢呼起来，但也听不到自己的声音，只能凭空高兴。突然，飞船停了下来，到了，到了！我看见由那令人眼花缭乱的一个个房间般组成的超立方体组成的更大的超立方体，我已经兴奋到了极点。

现在，我要探索的目标是，五维世界的随意变动时间的能力应该怎样带到三维宇宙中来。四维世界就像一个巨型的超立方体，而每个小的超立方体就是星球，再是个体，一环套一环，那么，每个超立方体都将会有一个中枢，中枢里必定藏着奥秘。

于是，我便一刻都不犹豫地冲向了中枢，可是在飞行的途中我竟突然来到了一个陌生的房间，外面传来了陌生的声音："郝犯人，请出来吃饭！这是你的最后一餐。"

这时，一个声音响起："愚蠢的三维生物，竟然想挑战四维和时间，看好了，这就是你的时间刑罚，你只会待在这个罪犯死刑的这一天，每天都感受到死亡，直到你的躯体真正死亡。然后，由于你说对了五维空间的秘密，让四维空间对我们有威胁，我们要毁灭四维宇宙，其实这件事我们也跟你说了吧，在那封信里。"

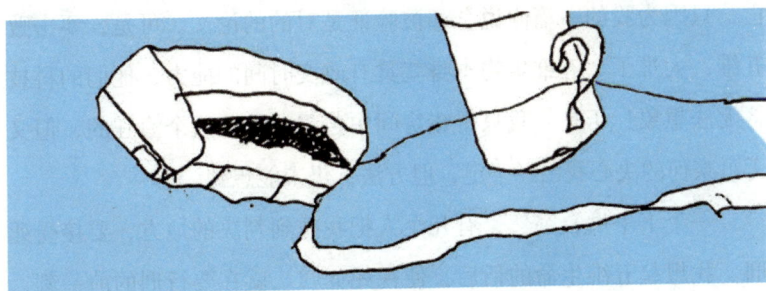

我大叫："果然是你们！我们四维世界好好的，怎么惹你们了吗！"

外面又传来声音："郝犯人别瞎叫，你的挣扎是没用的，请来享用你此生的最后一餐。"我没有理会那个声音，继续与只有我能听到的声音对话："我们只是在探索，并没有伤害你们！"

"可是你想要中枢是怎么回事？这是事实，就不容你解释了，而且，你以为我们是傻吗？地球生物的下场我们看不到吗？所有被你们看上的事物终究会被你们的贪婪所吞噬！我们要替天行道！"

"可是别的四维生物都没有惹你们啊？"

"呵，你的那篇论文不久就会让所有的四维生物看到，他们肯定也会开始准备起来。难道你认为他们就不贪婪？你们的宇宙间谁没有存私心？谁没有想自己更好一点？谁没有希望自己的国土更大些？"

"……"

守卫者计划

我必须要拯救我的四维世界，我不能给宇宙中的人民带来死亡，只因为我的一篇假说全部被验证是对的的论文。可是，要击败五维，太难了。五维生物本身就具有改变时间的能力，他们的科技将无法想象！于是，我只得在房间中苦想对策，这个疯狂的、但又无可奈何的决心我已经坚定，但方法，仍未能想到。

一个下午后，突然，有几个人把我拉到判决的地方，要接受死刑。我想起五维生命的话后，便视死如归。就在要行刑的前一刻，一个不知名的陌生女孩跑过来，说："法官，请稍等后，我把哥哥的东西还给他，哥哥说过，他死的时候要把东西都带上。"我想想，这个女孩大概就是我现在所在的人的妹妹，这时，妹妹已将东西递出，我大惊：这是我随身携带的量子转化仪！原来四维的人把我进行时间的囚禁，但这东西还是随我来了。

我，已经制定好计划。我大概知道时间刑罚的所有内容了。

我接受死亡，啾的一声，我感到钻心的痛。我死了？没事儿，再过几个小时马上回来！

几个小时过去了，我果然再次醒来。事实上我是想到了一千多年前，有个科幻作家神谕般地写下一篇文章，而那篇文章，便是真理！只不过有些悖论般复杂的东西作者还没完全搞懂罢了。

我开始列出《守卫者计划》：

第一天：我需要让我现在的这个妹妹把我的量子转化仪马上送过来，以便我操作。由于我估计一天的时间不够，还有第二天计划：我要先侦查一下现在三维世界的情况，然后击其懈怠，夺他中枢，进行谈判。

好，马上实行！因为监狱是可以满足要求的，特别是在判处死刑这天，监狱几乎可以满足你所有除了逃跑或继续活下去以外的所要求，我便让妹妹带来我的量子转化仪。我开启转化仪，用地域查找功能找到这里是火星，再用身份查找功能查询到我是火星的一个科学家，因为一次生气大骂火星政府而被判死刑，名字叫郝凡，果然，和我现在的名字一样，我的心里因为三维世界的稳定而感到好烦，实在是太烦了！不过知道身世后就好办多了。也就是说，世界上再没有艾伦，只有郝凡了。

沉思几个小时后，是我第二次死亡，其实无非就是又感觉到一阵痛，然后都没感受到什么就昏迷了。

呃，我又醒了，现在不吐槽了，我要干我的大事了。根据火星的法律，如果罪犯在死刑之前做了一件超过规定程度的好事，那么，罪越重，奖励越丰厚，而且死罪可免！于是我立即把我的量子转化仪中，写着"12"代码的几点颗粒拿出来转化回飞船的样子，因为其实"12"表示的就是天鹰十二号。

我乘上飞船，准备开始飞向五维。我需要先离开这里。

"空间跳跃！"我从火星到达了宇宙边缘。

"卸掉虫洞，增加动力，准备，超光速运转！"

时间，我定要破你！

…………

叶开老师评：

首先致敬！十分厉害，太厉害了！二郎（陈醉）的这篇《五维——时间的边缘》是我读到过的最烧脑的科幻小说之一，而且，简直是非常合情合理，非常像那么回事。或许我说得不够准确，是因为在你这篇小说面前，我词穷了。《论五维世界旅行必备物品》这篇论文，也非常有意思。

"五维"这个概念的提出，并且通过一篇论文来解释，你做得极其精细到位，尤其喜欢"你需要拥有所谓的上帝视角"这种句子，简直太羡慕你的这种表达了。而对五维的解释，可谓精确精准而明白易懂，"想要穿过一个四维世界里无限高、宽、长的墙，只需要再增加一个维度就行了。"我觉得十分了得。因此，当主人公去进行"四维世界"的时间边缘的旅行而进入到高维"五维世界"时，整个世界都发生了变化。你一定很认真地研究过"维"的概念吧？这里写得超好，而且，被五维高智慧生物捕获之后，"郝凡"竟然想到了一个破解方法，这个"量子转化仪"的设定，就很合情合理。祝贺你写出一篇感人的杰作！

9 杀神之剑

徐鸣泽　四年级

前　言

我央求爸爸："爸爸，你给我讲一遍白雪公主的故事嘛！"

"唔……好吧。"

爸爸边看报，边心不在焉地开始讲：

"从前，有一个又美丽又善良的女孩儿叫白雪王子……"

"错啦！是白雪公主！"

"好，是白雪公主！他的妈妈跟从杰克船长去找长生不老泉……"

"啥啥啥？是他妈妈不久就死了，然后他爸爸就再娶了另一个后妈！"

"哦，话说娶了一个后妈，那后妈对她异常好，叫阿波罗……"

"哎哟！你在不在讲故事呐！算了，不要讲啦！再说，那个……叫，叫阿泼罗？"

"哈哈，这回是你不对啦！叫阿波罗，是预言之神。"

"哇！"

"好啦，要睡啦，都快11点了。"

"好的，晚安喽！"

这时，窗外飞来一群乌鸦……

第一章　预言

这天晚上，我做了一个奇怪的梦，梦见一个陌生人头顶着圣环对我说："孩子，我是预言之神阿波罗，我来是为了告诉你，地球不再那么安全了！地球人这么浪费，宙斯很不高兴，现在你们长生不老，宙斯很快就要把你们的寿命减短，最多只能活120多岁了！我知道，你是唯一能拯救地球的人！去吧！我知道，宙斯正在被阿根法尔斯特迷惑！他开始变得残暴！最后，甚至会把你们都杀掉……去吧！杀了阿根法尔斯特！我会给你一根蓝色的稻草，你含住它，它就会把你带到阿根法尔斯特那里！我会给你一把杀神剑和三个小荷包，但这只能到最紧急时刻才能用它们！但如果你杀了他，这一切都将会停止！宙斯也会恢复！你会成为大英雄！阿根法尔斯特的弱点在于头顶心！这一切将会发生在2月30日……"说完，他就消失不见了……

我大喊："喂！等等！"但四周突然变得雾茫茫的……

我惊醒了，额角上全是汗，直喘着气，却听见声音渐渐清晰：

"她就是额头发热，手发凉，可能生病了吧……"

"嗯，是的，发烧了。"

"嘘！别惊醒她了！"

却不知我已睁开了眼。我坐了起来，坐在我床边的爸爸一惊，"你醒啦！"

"爸！爸！不好了！不好了！在2月30日宙斯就会把我们的寿命减到最多只能活120多岁了！就因为我们太浪费！"

"什么呀，傻孩子，不可能的，再说了，哪有2月30日？哈哈，胡说八道。好好好，现在躺下休息啦！"

突然，爸爸身后的电视机响了起来，爸爸打开一看，原来是重大新闻广播，爸爸奇怪地嘟囔："唔，这个时候怎么会有重大事件呢？奇怪，奇怪！"

"你好，这里是静玲电视台，今天地球突然异常偏移轨道，速度增加一百倍，地球上生命寿命将会缩短，最多只能活120多岁。奇怪的是，2月，居然有了第30日！不过一亿年以后将会恢复正常。但是地球为什么会偏移轨道呢？是太阳吸引力完全消失，还是地球被其他物种操控失调？或是地球决定退出太阳系、甚至是银河系？请收看静玲电视台节目，我们将会为您揭开谜底……吱吱……"

爸爸对这消息大惊失色，接着赶紧跑到电视机旁，嘴里嘟哝："该死，看到最关键时刻……没了！"

但，不知怎么，一道雷电直劈了下来，把埋在地底下的电线劈断了。吱吱……电视从此沉默了……

最后，2月30日，终于来临了……

第二章　寻找

这个梦，是真的！

我不得不这样对自己说，我一摸口袋，哇呦，真真真真真真真真真真真有一根蓝色稻草呢！还有三个荷包！一个绿色，一个紫色，一个蓝色！

好吧，不得不承认，这个梦，是百分百真的。

我小心翼翼地把那蓝色的稻草含在了嘴里……

啊呸呸呸呸呸呸！好苦！呦！

但睁眼一看，周围一片绿色，但走近一看，全是绿色马蜂！

我吓坏了！赶紧跑，但绿色马蜂一直在后面紧追不舍，嗡嗡嗡的声音越来越近，我开始冲刺，但那些蜜蜂还是紧追不舍，我只好抽出绿色荷包，往后一扔，荷包就变成了一贴黏虫贴！哈哈，过不去啦！唔！我不停地喘气，逃，逃，逃出来，来了！

我继续往前走，哇，前面有一个大洞穴！我弯下腰，捡了一个小石子，扔了进去。

"是谁？这么大胆！胆敢来闯我紫龙王之穴！"

我一惊，心想：完了，我呜呼也！

那紫色巨龙口里喷出一口火柱，我赶紧避开了，但也是烧得我身后一片荒凉。

那紫巨龙尾巴一甩，啊，洞穴就被它甩得粉碎，然后，塌陷了。

我"啊"的一叫，转身就逃，可身后的"bangbang"的脚步声更响了，我狠下了心，又扔出了紫色荷包，哇，紫色荷包变成了一片蔓藤，火不侵，水不进！它们一碰到紫巨龙就开始缠绕，直到它动弹不得。

哎哟，还是继续走吧，万一紫巨龙又朝我喷火……

我赶紧跑掉了。

我跑啊跑，结果跑到了一处城堡前！

哇，那里的城堡高度足足有地球上房子的10倍！

我的第一个念头就是这个房子的主人一定是一个巨人！

我偷偷地从门缝里爬了进去（因为那里的门缝足足可以钻进两个人），听见了两个人在说话："大王，那个宙斯臭老头子还在反抗？"

"是啊，要治一治他才好！"

我大喜，心想，终于找到阿根法尔斯特了！我不觉握紧了手中的杀神剑。

我循着声音，来到了一个华丽的房间，处处都镶嵌着金银和宝石。好不漂亮！

而坐在那宝座上的，是一个巨人，而他，就是阿根法尔斯特！

我贴着墙，一步步往前走，我轻轻地爬上了宝座，蹑手蹑脚，不敢出一点差错。

我记起了阿波罗的话："巨人的弱点在于头顶。"

我握住了阿根法尔斯特的头发（对于巨人来说我很轻，不会被感觉到的），爬了上去，唔，但，好像巨人的头发好滑好滑，我只好在腰间绑了个结，一点一点爬了上去。

最后一步，爬上去了！

我一步一步地往前进，但似乎他的"大臣"看见了，大喊道："大王，有危险！"

但是，杀神剑却已插了下去……

第三章　回归

突然，一张白纸从天而降……

我读了一读：

> 回归吧，我的孩子。
> 只要，
> 原地跳三下。
> 双手平放，
> 即可。
> 阿波罗

我大喜，双手平放，再跳了三下。

我感觉突然被钩了起来，景物都在倒转……

突然停了，我的家，终于到了！

第三个小荷包，至今我都没有再碰过，就一直，一直，在那里。
直到哪一天，再见光明……

叶开老师评：

　　徐鸣泽的写作上，想象越来越丰富，越来越宏大了。虽然你自称"不会写科幻"，但是你设定的这个庞大的宇宙和毁灭计划，却非常合理。尤其是，地球突然加速一百倍，然后，2月出现了30号，这样的怪事，是典型的科幻细节。在这个时候，我们的小主人公不得不亲自出马，去远征，经过好几关（锦囊这个妙计，似乎阿波罗是学习我们诸葛亮的哩），绿色马蜂、紫色巨龙等，然后来到了巨人"阿根法尔斯特"的巨大的城堡，在这里，小小的主人公用厉害的"杀神之剑"，轻松地消灭了邪恶的巨人"阿根法尔斯特"。忽然发现，你这里还可以考虑得周密一点，因为"阿根法尔斯特"是巨人，不是神的话，真的需要"杀神之剑"才能杀死他吗？另外一个问题是，阿波罗为什么不亲自动手杀死"阿根法尔斯特"？如果你考虑一下，给一个一句话的解释就好了。写到这里，要对你的开头大大地夸奖。这个开头很简洁，然而，竟然"隐含着风暴"，尤其是爸爸讲故事时心不在焉地乱讲，非常有意思地顺便就扯出了"阿波罗"，简直举重若轻啊。你的语感越来越好了。热烈祝贺！

10　生命的选择

时践（时浩扬）　七年级

　　S是一个公司里的白领。他三十来岁，工资也不低，但每天都觉得很无聊。

　　每天早上，他六点半钟起床，刷牙、洗脸。他打开早间新闻节目，边听边站在镜子前，穿好西装，打好领带，整理好不听话的衬衣领子。然后，他就出门了。S先生每天都在车站旁边的那个早点摊上买一个加脆饼和辣椒的煎饼果子和一杯现磨豆浆，站在车站边吃边等。七点一刻，车来了。他坐上车，刷交通卡。他的目光朝车后一扫，确定没有座位后，他就拉着栏杆站着，站上一路。

　　到了公司，就开始了一天的工作。他见同样的人，说同样的话，做同样的事儿。经过坐在办公室里的几个小时后，一天的工作结束了，他再次在下班高峰期挤上车回家。回到家，冲个澡，吃晚饭，读本书。洗漱完毕后，关灯上床睡觉。

这样的几千个日子就这么过去了，除了晋升了职位，贷款买了车买了房，好像没什么不同。

"每天都在做同样的事，"他心想，"好像每天都是从同一个模子里抠出来的。"

日复一日，S感到彻底崩溃了。

"要是真的是这样，生活还有什么意思呢？我和一个被囚禁的囚犯有什么区别呢？"

他向老板申请了两个月的假期，他想在这两个月里去体验一下生活，下决心要找到时间与生活的规律，于是他开始了自己的旅程。

他抛开了工作，抛开了客户。他把手机开启为飞行模式，免得一个接一个无休止的电话来打扰自己。

他的计划是进行一次旅行，看看身边的人们都在做什么，希望能找到逃脱这个隐形时间牢笼的办法。

第一个星期，他准备从社会最底层的地方开始。他进了网吧，和里面的人一样打游戏，饿了就到门口买碗泡面，困了就躺在靠背椅上眯一会儿。时光飞逝，五天的时间不知不觉地在他升级角色的时候悄悄地溜了过去。他再出来的时候，感到头晕眼花，心想："这样的生活挺有意思，但不刺激，就是每天打怪升级，强化自己。而且这样得不到满足感，花了这么长时间，一件事都没做成，整天活在虚拟世界中。这肯定不是我想要的生活。"

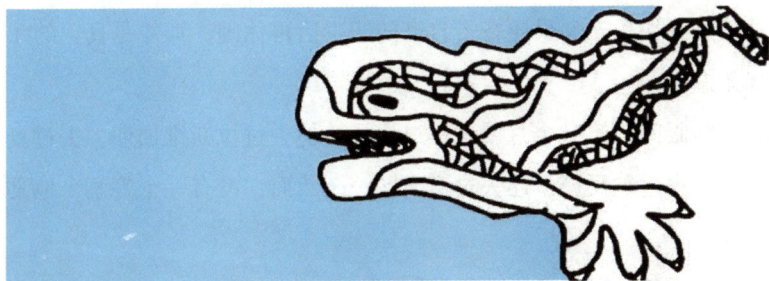

　　他启程了，开始进行第二次寻找。

　　S来到了一个运动俱乐部。那里有蹦极，悬崖摩托车，雪山滑坡等极限运动。那里的人都很豪爽，也有勇气。他交到了几个好哥们儿，从运动中得到了刺激。这一个星期的时间里，他要不和朋友们飙车，要不就带着一副机械翅膀在空中滑翔。他充满了胆识，他强健了身体，然而——他并不认为自己找到了真正的生活。

　　"这样的生活很刺激，但是就像吃烧烤一样，只能得到一时的满足。我想真正的生活一定还拥有一些细腻且值得人去品味的地方。"

　　一个星期后的一天傍晚，当人们拖着沉重的脚步往回走时，S先生收拾好东西，离开了朋友们。

　　他在一个咖啡馆里待了一天，听着悠扬的音乐，喝着香醇的咖啡，读着自己喜欢的书。他很享受，感觉身上的疲劳消失了。他肩上没有责任，很悠闲，没有人催他，也没有事情使他心烦。他觉得这样的生活有可能就是答案，然而，当一天过完的时候，他有了新的想法。

　　"这样的生活是很轻松，很愉快，但是没有任何责任并不让我真正感到快乐。如果履行了自己的职责后再休闲，那才是真正的无忧无虑呢。"

转眼间，第一个月就这样过去了。他去过拉斯维加斯，去过夏威夷，去过贫民窟，还去过富人区……然而，没有一个答案令他真正满意。

"难道时间和超自然有关系？"

他去图书管理查阅了有关时间和宇宙的书，希望从中得到启发。然而，那里面复杂的学术知识并没有给他什么帮助。

一天晚上，月朗星稀。S坐在露天庭院里的一张躺椅上，仰望着天空，手腕上的荧光手表显示着八点半。那闪耀的星星之外有什么？这一个多月来，这个看上去如此简单的问题，居然到处都没有找到答案。难道，这是一个谜？或者，是一个陷阱？

他在往下坠去，躺椅貌似不见了，但是他又在向上飞。向下，同时又向上。他回过头，那就是地球，就在他身后，那颗蓝色的，具有生命的行星。他还在飞，飞进了宇宙，飞出了银河系。这是真的吗？难道他睡着了，做了这个梦？但一切都那么真实。

前面是一团光，他飞了进去……

这是一个如此多彩的世界，用"多彩"一词形容都变得很不恰当。红黄蓝绿青蓝紫，还有数以万计叫不出来的颜色，这些地球上都没有。

他降落到了一片土地上。周围有一个个圆形的门，门里面是一个光圈，不知道通往何处。

"你好，突破时间束缚的人类。"

S一抬头，就看到了一个全身散发着金光的人。他背后有一对金色的翅膀全身散发着金光，如果头顶上再加一个光圈就变成天使了。他显得如此年轻，如此有活力。

"你……你好。"他说，"你认识我？我这是在哪儿？"

"你是地球上第一个活着并且敢于质疑生命的人，你对时间产生了好奇，想要突破从几兆亿年前宇宙生成时就产生的惩戒。而现在，你所在的地方，是圣灵之界，宇宙中唯一一个不受时间束缚的地方。"

时间？这不就是他想知道答案的问题吗？他怎么会知道？

"你跟我来。"他说。

他们向前走着。这里有美妙的声音，不是音乐，可却胜过它百倍。圣灵停下来，为他拿了一只容器，从路边的"小溪"中舀起两杯金色的液体。S喝了一口，感觉到那东西涌遍了他的全身，在血管流淌，让他忘记了忧愁，忘记了劳累，一下子感到神清气爽。

"这是什么饮料啊？"他问，"它可比咖啡和可乐美味多了。"

他微笑着说："这是圣洁之露，可以净化灵魂，而不是经过加工的饮料。"

终于，他们到了。那是一个圆桌，在一束光之下。在那光芒的照耀中，有一个卷轴闪闪发光。圣灵拿起它，递给S先生："你想知道的一切都在这里面。"

S拉开卷轴，读了起来："宇宙是由最初的大爆炸而产生，从一个密度无限大而体积无限小的物体无限扩大而成。宇宙大爆炸产生了空间，同时变化莫测的时间也出现了……什么？时间跟空间有什

么关系？"

"空间是三次元，而时间是四次元，"圣灵说，"所以时间是在空间的基础上形成的。"

"这就是说宇宙的虚无地带没有时间，是吗？"

圣灵点了点头。他继续往下读：

"宇宙出现时，受到了虚无境地的惩戒，所以在茫茫宇宙中有一个黑色的洞。人类称它为'黑洞'。那个洞在茫茫宇宙中什么都算不上，但它就像一个漏洞，宇宙的时间就从那里流失。宇宙并不会永存，对于虚无境地来说，只不过是一颗陨石燃烧的一瞬间。"

S抬起头，说："所以人就会衰老，到最后死去……"

"但在圣灵之界不会。这里是永恒的，不受时间的约束。"

"那如果这样，生活还有什么意义呢？如果一个人可以永远活着，那他还有什么追求呢？他会被逼疯，他会生不如死！如果这样，就不会有日出日落，就不会有喜怒哀乐。人和行尸走肉又有什么区别呢？"

"但是只要有时间，人就会死。难道你不是人？你不惧怕死亡？"

"如果一个人一生过得没有懊悔，都很充实，我认为他就不必要惧怕死亡。时间和死亡，是自然界的规律。"

"好吧，"圣灵说，"如果这真是你的选择。宇宙中不知道有多少生灵想得到永生的机会，而你却弃之一旁。如果你不再悔改，可以从后面的次元传送门回到你自己的世界。"

S道了谢，转身看了看身后的紫色传送门，坚定地走进了去。

一道光……

他离开了永恒，进入了时间的管辖之地。

从此以后，他开始了自己新的生活。他辞去了那份乏味的工作，在乡村买了个房子，住了下来，他结了婚，有了孩子。每天早晨，他会微笑着醒来，迎接第一缕阳光。他会坐在院子里画画，他会拿着鱼钩去钓鱼，他会用手在钢琴上弹出优美的旋律。他喜欢晴空万里，也喜欢白云飘飘，他喜欢观赏花朵，也喜欢鸟儿歌唱。渐渐地，他老了，头发白了。他回想起六十多年前自己的经历和自己的选择，就会咯咯地笑着说：

"我当时做了一个明智的决定。"

晚上，当夜深人静的时候，他会坐在桌旁，打开台灯，拿起笔，在本子上唰唰地写着。他写得很投入，注入自己的心情，甚至注入自己的灵魂。

有一天早晨，他悄然无声地离去了，脸上仍然挂着笑容。

然而，他还活着，活在他的书里，活在他的故事里。人们纷纷读了那精彩的一生，都陷入了沉默。

那个故事的最后一句话是：

我面对着生命的尽头，大步向前，此生无悔。

叶开老师评:

很难相信,时践(时浩扬)写出了这么成熟的一部作品,在这部作品里,S先生每天日复一日地工作了几千天之后,他发现了这种重复工作的乏味与无趣,于是他离开这种工作,去探索新的意义。第一,他打游戏;第二,他从事极限运动;第三,他在咖啡馆喝咖啡。这些,都还不是时间的真正奥秘。S先生探索时间的奥秘,实际上,是你巧妙地运用来探索人生的意义。也许,作为碳基生命的我们人类,根本摆脱不了时间的牢笼,永远会被因果律控制,从出生、长大、死亡,是一个"定律",而对这个过程重新思考,则赋予了人类一种崭新的意义。这样,他虽然来到了时间不存在的圣灵之境,但是,他并没有追求那种肉体的永生,而是回到自己的沉思,思考人类自身的命运和意义。

你的这部作品,实际是一种很深刻的沉思,但摆脱通常那种冗长乏味的说教,用生动的"玄幻小说"的形式来表达,而且说得非常清楚。从这几篇作品来看,你是一个爱沉思的孩子,理性很强,发散出去总能收回来。我很喜欢你的表达形式。

11 时间的枷锁

贝壳君（张倍宁）　六年级

　　"地球上的人类听好了，我是M3n9行星的星际舰队长，你们的农场主K479已经被我们打败了，我再重申一遍。不要做无谓的挣扎。K479的人喜欢把你们养大，养到最嫩的时候（20岁），然后吃掉；而我们，喜欢吃较老的肉，我们会让你们每个人活到120岁以上，然后用安乐死的方法将你们杀死。这会对你们的健康有益，而你们原本的自由我们都会默许，只要不超过一定的范围，我们会同意你们继续做那些无用的科学实验，你们自己的娱乐，你们并没有失去什么东西，我们甚至会帮助你们对抗温室效应。放弃抵抗吧，你们的核武器对我们没有任何用处，你们的维数太低了，仅仅是三维，银河帝国的势力范围早已达到十维，你们对我们来说还是可笑的未开化原始部落。如果你们再不同意，地球一个月后就会遭到毁灭，再创造一个星球又不是什么难事，不要再浪费我们的时间。"

各国领导人召开了紧急会议，地球向M3n9行星妥协了。

但外星人终究还是犯了一个错误，他们治疗好了霍金教授。

我叫龙哲，是霍金教授的助理兼保镖。

霍金教授走出治疗室后，整个人精神多了，全身洋溢着前所未有的健康气息，他只对我说了六个字："尽快逃离地球。"

这话说起来简单，做起来那是难上加难，对手的防御网是铺天盖地的，还是十维，还有七维是我们未知的空间，要是再懂点科学的人，就会说，那是"痴人说梦"。

暂时还不用管它那么多，教授恢复健康了，我决定请教授看我最喜欢的电影《超能陆战队》来庆祝。

"教授，你工作这么累，偶尔休息一下吧。"

"不行。"

"就一会？"

"不行。"

"教授！"

"不行。"

"就休息一会嘛。"

"好吧，十年内不要再有第二次。"

我打开了电脑，点开了《超能陆战队》，在三维电影中看得津津乐道。

"快停下！"当我们看到小宏发明的纳米机器人时，教授大叫。

"这是可能的！"教授几乎是在歇斯底里，他用双手按住自己的太阳穴，好让自己沉下心思考。

"这不现实，对手是十维的，你想怎样？用三维的物品去打败他么，这不可能！"

"可不可能不是你说了算的，去找精灵吧，他们肯定超越了十维，不然它们的领地怎么可能是地球上唯一没有被攻占的地方？"

"不，教授，这不理智。"

"快点吧。"

我皱了下眉头，答应了教授。

教授拉着我走向超光速飞船，说是超光速，其实只是光速的百分之十七点四，还不到五分之一。

"教授，除了我们，我敢说银河帝国势力范围内都没有人知道精灵，他们只是在电影中想象，要不是我们在大学西边撞见一位受伤的精灵，并且花了许多时间绕过地球与银河帝国其他统领的管辖与巡逻范围把他送了回去，如果我们暴露了行迹，那就会造成一定的混乱啊，精灵就算是十维以上的超级生物，与银河帝国开战，地球还会存在么？"

"闭上你的嘴巴，屏幕上显示有一艘音速飞船在跟踪我们，还说要什么请求视频，这艘飞船上貌似有目前最先进的核导弹。"

噼里啪啦，飞船上的屏幕先是一阵黑屏，然后就显示出了另一艘飞船内部的画面，里面是一个我们再熟悉不过的人——卡根教授，另一个天文学的智者，后来提出了太阳是宇宙飞船的确切证明，一大堆算式准确无误，令所有地球人心慌无比，因为没多少人知道这个方程的意义，不过这堆方程式确实无误，地球在没被外星人秒杀之前简直就是等死。

"亲爱的霍金教授，我来这里是劝降的，别以为人家M3n9行星人是吃素的，我今天来是为了个人，而不是代表人家，否则我们以后就很有可能是对立面咯。记得我吗，我以前的外号叫'宁死不屈'，但仍然屈服了，实力差距实在是太大了，如果让我去送死，那我宁可在家里舒舒服服地苟活，这样有意义么，三维对战十维？你简直就是在说一个大笑话。"

"无论如何，我对你的回答只有一个字，不！"飞船里的气氛凝重了起来。

"好吧，霍金教授。"他奸笑了几下，把视频关了。

"我真是搞不懂，为什么卡根会投降。"

飞船很快就飞到了，我们以最快速度往地平线冲刺，我们说了一句："我是霍金教授。"就飞进了那个未知的空间。

"瑟兰迪尔，这次来，我想请教你几个问题。"

"速战速决。"

"三维可以直接突破到十维及以上么？"

"你指的是人类说的十维？那都是他们吃饱了撑的想象出来的。那个占领你们的M3n9的行星，就比你们发达了一点，你们是三维，你们能造出三维的东西，四维是时间，他们能制造时间么，那世界早就混乱了。他们以前碰巧遇到过我们，十分钟就输了，这就是为什么他们一直没有接近这块地方的原因。瞧瞧我们现在周围所处的时间，他处在时间之外，是任何无法掌握时间的东西无法涉及的，即使是你们，也需要我们的帮助。说句老实话，你们古人的直觉挺准，地球上许多的生物你们都猜到了，知道为什么你们找不到也无法证实佛祖么，他是四维以上的，这应该就是你们说的成佛的境界，山中一日，山下几千年就是这个原理，四维便是不老不死，万寿无疆。M3n9是十维？你别吓我了吧。其实他们并不难打败，只要你多发展你目前的物质研究，你的脑子早已告诉了你答案，那个纳米机器人足够了，物质的力量有时可以超越时间的限制。你可以走了！”

　　十年后，霍金教授打败了M3n9星人，无边的宇宙帝国成立了，“宇宙之王”不是白叫的，不过他还是回到了2017年，告诉人类2032年地球将毁灭，只有依靠人工智能，人类早发展一点便是一点了……

叶开老师评：

　　张倍宁的这篇《时间的枷锁》，M3n9星人虚张声势地威胁地球人，说打败了地球农场主，给地球人活到120岁的机会，这个开头超级棒，哈哈，而且"喜欢吃老肉"这个表达也很幽默。他们为何会犯下治好霍金的错误呢？这个是不是要想想？是不是他们太自大了？还是他们有其他企图？这个可以想一下理由。还有，霍金和助手看《超能特工队》得到了启发，去找精灵，精灵告诉他真相，原来外星人是吹牛的，他们根本没有自己吹嘘的那么厉害。纳米机器人完全可以打败M3n9，并且，物质还可以战胜时间。这样，霍金和助手回地球，十年后打败了M3n9星人。文中还有卡根教授，他为何会投降？为何会追霍金？霍金他们战胜外星人时，卡根教授是什么表现？这个，你也要考虑一下。出来的人物，都应该有一个去向。例如，卡根教授跟着M3n9星人跑了，还气势汹汹地说："我还会回来的！"哈哈。神话系统里的精灵出现在科幻系统里，是有点怪异的，或许可以写成更高级的外星人？某种宇宙主宰？

12　生命游戏

王怡然　五年级

　　布洛尔·隆巴德坐在考场的凳子上，紧张地看主考老师，旁边的罗杰斯拍了拍他的肩膀，说："放松吧！"虽然这么说，可是罗杰斯自己的手也在颤抖。

　　"这只是一场考试而已。"他安慰布洛尔。

　　"不是一场平常的考试。"布洛尔嘀咕道。

　　罗杰斯正要说什么，可是主考老师清了清嗓子，用沙哑的声音说道："我相信，同学们，你们都知道今天是你们的最后一场考试，也是你们在银河n维空间学校的最后一天。等一会儿，"他接着说，"我的助手希利尔先生，"说着指了指旁边站的一个魁梧的男的，"希利尔先生会把你们送到自己的考场，大家注意，不要告诉外人自己的身份。"考官说，"其实这只是一个游戏而已，大家不必恐惧，现在我将把说明书发给大家。"布洛尔紧张地接过说明说，上面用清楚的黑字写道：

生命游戏说明书（银河联邦版）

一、考试时间

联邦时间27210年三月17.7日，八秒9.9的循环节。

二、考试地点

银河系，联邦，n维空间学校。

三、考试环节

第一环节，进入太阳系，你将到外星人（所说的"人类"）住的新球——地球，你将选择自己的工作。

第二环节，生活将近n年。每人拥有3次改变的机会。

注意：若发现作弊，一律分离。（联邦约定分离即为现在外星人所说的"处死"）

布洛尔叹了一口气，看来这比想象中的要难得多。当然，他早就听说过这考试有毒，但是没想到真这样。许多人开始抱怨。

"怎么能这样！"一个女孩大叫。

布洛尔也这么想的，大家把眼睛齐刷刷地看向这主考官。主考官只是喊道："若再说一句话，将让你们都失去考试资格。"大家一听顿时哑口无言。

一个，两个，三个……直到考官大叫："罗杰斯·瓦格雷夫。"

希利尔先生站起来，把罗杰斯带走了。不久全场人都走了，只剩下布洛尔一个人。考官擦了擦额头上的汗水，盯着布洛尔看了一会儿，说："布洛尔·隆巴德。"话音刚落希利尔先生就拽住布洛尔，天哪，他力气可真大。过了一会儿，布洛尔已经力倦神疲，希利尔先生看起来精力充沛。

"歇一会儿吧。"布洛尔气喘吁吁地说。希利尔先生用恶狠狠的眼神瞪了他一眼，用粗鲁的语气说："小子，要休息就滚吧。"说着拿起儒林（一种打人的武器，含有的95.8%塔崩在，但是在银河联邦发挥得没有在地球那么厉害），在布洛尔面前威胁地挥了几下。布洛尔被带到一个房间，门牌上写着：考场r，工作人员请做好防护设备，闲人免入。

房间里一片漆黑，也许是一个考场吧，看起来更像一个废弃的实验室，桌上摆满了试管和量杯，中间有一张床，床单上有淡淡的血迹，希利尔先生用力地关上门，一个女士的声音在她的耳边响起："你就是布洛尔吧？"布洛尔转身一看，一个女的，看起来至少五六十岁了，脸上都是斑，慈祥地笑着。突然，她的笑容消失了，用一双强壮的手把布洛尔按在床上，布洛尔倒在床上，突然，感到尖锐的针头刺进了他的脖子。布洛尔的眼前一黑，失去了知觉……

布洛尔再次醒来的时候，发现自己坐在椅子上，一个机械的声音说："即将降落在'地球'，现在行速为29万千米每秒，请选择地区。"说罢，几个红红的大字闪在自己面前，写着：地球，平均直径12742 千米，地球是太阳系唯一有生命的星球，还有一个卫星——月球。看到这里，布洛尔只想笑，唯一有生命的他用好声好气的话说："也许吧！"

中国，当前最发达的国家，已发射72100个人造卫星。

美国，有一系列世界著名企业，发射33000个人造卫星。

英国，联合国安全理事会五大常任理事国之一，已发射10900个人造卫星。

中国，美国什么名字？布洛尔被弄得毫无头绪，想了想发达嘛，选中国吧。点了点中国，机械的声音又一次响起："即将降落。"布洛尔抓住椅子，一阵巨响过后他们落在了地球上。

过路人用奇怪的眼神看着他，他们的机器人跟着他们，也用奇怪的眼神望着他。他随声带的翻译器突然响了，"嘀嘀嘀嘀嘀……"布洛尔不耐烦地把它掏出来，正要关闭电源，只见屏幕上闪烁着红红的大字：

已开启软件，请选择语言，

汉语（76%）英语（95%）美语（100%）

布洛尔思索了一会儿，心想，我在中国，应该是汉语，用手点了点汉语。

他走向门口，他走向一个路人，"这是哪里？"他用不标准的普通话问，路人回答："你在首都北京，这里是中国天坛。"说着指了指后面。原来如此，北京还有这东西。路上有各种各样的奇怪建筑。走过一个离奇的建筑，上面写着两个大字"银行"。

"银行是什么？"布洛尔嘀咕道。翻译器上显示：银行是依法成立的经营货币信贷业务的金融机构。银行是商品货币经济发展到一定阶段的产物。银行是金融机构之一。

　　那应该是存钱的地方，布洛尔想。走进去一瞧。一些机器人坐在凳子上，金库的门大开着，也许是自己进去领吧，走进仓库也没人管、机器人理都不理他。眼前金银珠宝，样样都有。闯进去左抢右夺，满载而归。机器人抬起头，小偷两个字闪在了他们面前的屏幕上。抓住他，机器人向前冲想抓住布洛尔。布洛尔向前一跳，灵敏地躲过了机器人的攻击，他们在干吗？布洛尔问，翻译机"嘀嘀嘀嘀嘀"翻译起来，一行绿色的大字闪起来：小偷指偷窃集团中的一般窃贼，泛称一般偷东西的人，偷盗后要负法律责任，达到上限可判死刑。死刑，他一听吓出冷汗，在呼吸的一瞬间，机器人放出罗网（一种由特殊的大气层创造的网），逮住了布洛尔。一个冰冷的针头射进了他的胳膊，布洛尔倒了下去。

　　"把他带走！"一阵沙哑的声音喊道，布洛尔迷迷糊糊地醒来，只见两个机器人把他塞进一个牢里。又脏又臭，那个男的靠近，说："听着，你将被判终身监禁。"

　　"但是我根本不知道银行是什么。"布洛尔反驳道。

　　"你以为装傻就行，你是外星人吗？"

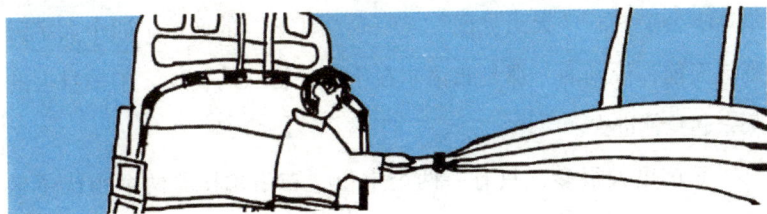

　　布洛尔刚要回答"是的，我是从银河系联邦来的"，考官说的话又在耳边响起，禁止告诉外人身份。令人咬牙切齿的第一天过去了，第二天……直到第五天，他再也忍受不了了，对这翻译器迷迷糊糊地说："我要返回。"

　　"你确定吗？"一个机械的声音回答。

　　他点了点头，总比这个好吧。

　　"一切开始改变，从数字到了一片黑，四维空间能改变啊！"他想。渐渐地他发现自己站在银行门口，机器人在里面打牌。他知道结局了，转身头也不回，离开了这个地方。

　　一年，两年，三年……

　　从小学，到大学，到找工作……

　　他已经完全接受了像人类那样的快乐生活！甚至都忘了自己是外星人，是来参加考试的。生活又是多么的平淡。

　　有一年的一天，布洛尔喝着咖啡，坐在椅子上，看着这公交车上的新闻报道，它对中国已经了如指掌，完全不用翻译器，再说新闻上说的也不重要。他正在发呆，忽然间新闻报道说："UFO，降落在旧金山北处，请注意。"

　　布洛尔头也不抬，UFO跟我又没关系，他心想，不管了！布洛尔走下公交站，"天天见面"（一个当代著名的面馆）四个大字闪到他面前，说到面，那是布洛尔在中国最喜欢的食物，拍拍身上的灰，起身就进去。

　　面馆里人很多，只有一两个空位，布洛尔挨着两个小伙子坐下，点了一碗猪骨面。不一会面上来，好吃且蛮香的，布洛尔满意地点点头。隔壁的两个小伙子说话了，A说："听说新闻里的UFO了吗？"（B点点头）

B说："不知道里面有没有外星人？"

A说："如果有的话，你会怎么做？"（B思索了一会儿）

B回答："我嘛，把他们煮了吃了，泡了汤。"（A和B都笑了）

一旁的布洛尔听了，真的可以说吓出心脏病了，中国人那么变态，还吃人。

B接着说："不知道这里有没有？"

A突然大叫："有外星人！"

布洛尔听了差点吓晕了，咽不下骨头，卡在了喉咙里，拼命挣扎手脚左右乱蹿。A、B奇怪地看着他。布洛尔受不了刺激，倒了下去，听到最后一句话是A的喊声："他是一个外星人。"

人生充满意外！也许想开开玩笑，但玩过火了！真的会死外星人。

…………

布洛尔睁开眼睛，一个实验室，废弃的实验室。很熟悉，可这是一亿万年以前了，这是真的吗？

他看了看表3.17.7日9秒，我才去了0.1 1的循环节，旁边没人。

考官走进来："回去吧。"他的声音平静，并没有遗憾的感觉。

"罗杰斯呢？"

"不知道。"考官直白地回答。

结束了，游戏结束。一切都是失败。

结束了，游戏结束了，考官进入了一个小房间，布洛尔靠着门缝听他说："他们都是很有天赋的，可是100%的人都没成功。那个布洛芜，还是什么的……"

"是布洛尔，"那个女医生说打断了考官的话（听到他们谈自己，布洛尔警惕地退后几步）。考官不耐烦地抽抽鼻子："不管是什么，他是唯一一个活下来的，其他人都失败了，我看他们大都是被折磨死的。"（布洛尔大吃一惊）他继续说，"我看，这太难了，迟早要换题。"

"我也这么认为。"希利尔先生说。

女医生反驳道："他们知道怎么珍惜生命，再说这游戏的设计也废了不少工夫。"

希利尔先生摇摇头，主考官说："我看，恐龙这个题目不错，还可以测试出学生们的战斗力，可以再用用。"

他拿起沟通器："首相，我们觉得……"他的声音变得越来越小。

布洛尔有气无力地靠着门框，希利尔先生用手挥了挥大屏幕，蓝蓝的地球变得清晰，希利尔先生点进年2017年，渐渐到2018、2019……272109、27210。

时间正在不断地变化着，布洛尔看到自己

跟路人说话，手里拿着翻译器，看到好朋友罗杰斯从猪圈里艰难地爬出。罗杰斯起身，发现四肢僵硬地瘫在了地上动也不能动。随着一个脚步声，来了一个胖胖的男人，浓眉大眼，一身宰猪的衣服。面前都是血。身后站着一男一女，打扮得整整齐齐。

　　"就那只吧！"男的说指了指罗杰斯。罗杰斯大喊："我不是猪，是人。"

　　穿着宰猪服那人，笑着说："选得不错，挺有劲的，还叫个不停呢！"

　　宰猪的命令两个人把罗杰斯抬出去，尽管罗杰斯拼命挣扎，可是那两个人就是不放手。罗杰斯心想：完了，没命了。只见宰猪的举起刀就要往下砍，罗杰斯急中生智往下面的人看了眼。但并没有任何人，救命呀，似乎没人听到，主考官头也不理睬。一切成了雾一般的浑浊，时间似乎在交叉，在重新组成一体……直到希利尔先生，把手向前一推，整个屏幕成了一片火海，蓝色的地球在毁灭，慢慢地成了一片灰烬，楼房和人都不见了。主考官擦了擦手："重新来吧。"他说着叹一口气。他挥了手，聚集的灰烬慢慢地组成一个新的地球，一个全新的"地球"！

　　也许地球只是个游戏，当外星人玩腻了，就会随时再建一个。又有可能恐龙是他们造出的小玩意儿，玩腻了就给残忍地"删了呢"。他或许也会把这个地球"删除"，然后创造一个全新的地球！

叶开老师评：

　　王怡然的这个《生命游戏》的设定令人眼睛一亮，是非常棒的想法。

　　关于地球，人们已经有了各种各样的思考，有人认为是囚禁人类的时间牢笼，有人认为的投影，有人认为是幻象。你这里的做法，很像电视连续剧《西部世界》里的那个设定，整个世界看起来井井有条，合情合理，却可能是高维生命创造出来的"游戏"，高维生命的外星人玩腻了，就可能给残忍地"删除"了。这个，可能性很大。如果从三维角度看二维生命（假设有且为生命）的话，我们撕掉那张"纸"是毫不留情的，没有任何同情心。可能，高维生命撕掉三维生命这个球体，也是毫无感觉的。这样想，真的是很悲催的。好在，你这样想，暂时我们这些低维生命还看不到结局。算是自我蒙蔽吧，如同麻瓜不相信魔法世界。但是，"外星人"来到了地球，来到了"考场"，竟然无法适应，并且会被删除，这个相当可怕啊。结尾罗杰斯的那个下场，令人悲伤，非常地触目惊心。

　　尊重生命，说起来容易，其实很难。我们人类，似乎并不是尊重生命的一种智慧体，假设面对我们的高维生命也是人类这样的视低级生命为粪土，那么我们的命运将会怎样？或许，像你写的这样，毁灭，重新来造一个"地球"？

13　蒙面美人

星雨亦（唐华景）　四年级

柳小诗放学了，走在路上。路很远，天气偏偏热得要命，树叶耷着，狗吐着舌头，她也热得浑身发烫，薄薄的裙子湿透了。她垂着头，长长的辫子无力地躺在肩上。

柳小诗的爸爸很早就去世了，她家本来就不富裕，现在靠妈妈支撑，就更加困难。妈妈很累，也没时间陪她，她的生活几乎是黑色的，每天重复一件事情：学习。由于性格怪异，没有同学愿意和她玩。她只能努力地啃那些书，刷那些题，以此忘记生活的黑暗。

柳小诗羡慕地盯着其他小孩手里的冰淇淋，吞了口唾沫。唉，妈妈太忙，家里太穷，哪里还顾得上给她钱买冷饮吃？

阳光刺着她的眼睛，晶莹剔透的汗水从额头上流下。柳小诗累了。她坐到路边，擦着无尽的汗，休息一下。

"小妹妹，"她抬头看看，啊，脸颊雪白而偏瘦，颀长优美的身体，一双形状完美的清亮的黑眼睛，一头褐色的柔滑齐肩秀发，嘴唇薄薄的很漂亮，浑身散发出纯洁的感觉，牛奶色的肌肤似乎透出淡淡的光辉，一位比阳光更加明媚的年轻女郎站在她面前。她入迷地盯着那张秀丽的脸。

"你是一个生活囚吗？"女郎的声音很动听。

柳小诗一头雾水："什么是生活囚？"

女郎用一种雾蒙蒙的表情望着远方："你被囚禁于时间和学习，对吗？"

柳小诗拼命点头。

女郎微微叹息，道："时间，像列车，向前开，最终沉入黑暗；时间，像铁锁，囚禁着人，阻碍我们做事。想挣脱束缚……"

"韩姑娘？"一个打扮得十分专业的女侍者恭敬地端着一碟小面包和一碗奶茶来了，"用早餐吧。"韩语嫣莞尔一笑，接了，优雅地吃起来。

韩语嫣是一位大小姐，著名作家，还是混血儿，颀长的脖颈，柔顺的眉毛下一双清澈秀美的黑色眼睛，一头金褐色的柔发从额头泻到脊背。可是，她一直戴着洁白的面纱。据说，第一个被她允许看她面目的男人，将是她的丈夫。然而，这个男人必须经她考验。

她吃完了，束起长发，穿上飘飘若仙的朦胧白色长裙，出了门。路上，男人们都牢牢盯住她的面纱，瞟着她洁白的手臂，想象着她的美貌。

　　韩语嫣逛了逛，回到家里。

　　叮咚！立刻，几个禁不住诱惑的男人来求爱了。每天都这样！韩语嫣露出一丝看不见的坏笑。

　　侍女慧儿请来了第一位，那是一个浑身肌肉、高大魁梧、鼻梁英挺、目若寒星的大汉。韩语嫣软绵绵地坐在沙发上，笑道："请坐。"

　　那大汉转来转去，见不到一把椅子，尴尬地笑笑，说："韩小姐，我还是站着罢。"

　　"哦，好的。"韩语嫣一双黑灵灵的眸子对准了他，"你爱我吗？"

　　大汉拼命点头。

　　韩语嫣秀眉一挑，又问："你长得挺霸气啊，我很喜欢。这样吧，你要什么见面礼？一辆宾利？一笔钱？一套房子？"大汉心想，如果要其中一样，定显得贪财，便摇头。

　　韩语嫣点头："回去吧。"

　　大汉愣愣，垂头丧气地走了。韩语嫣叹口气。三年来，每个男人的回答都是这样，为什么？

她又淘汰了几个男人，对慧儿说："今天见的人够多啦！慧儿，麻烦告诉其他来的男人，我今天不见人了。"

慧儿应着，走了。

韩语嫣漫无目的地乱走，到了花园。花园里长了大片大片浓绿挺拔的竹子，青草如同绿浪在风中波动，花朵幽香浮动，空气清甜。她站在一条在卵石上叮咚流淌的清澈小溪旁，叹息着。三年了，没有男人通过考验。

"小姐！"慧儿的声音传来，靠近了，"这人拼死要见你！"

韩语嫣暗自吃惊，听到慧儿和一个人走到身后的脚步声，也不回身，只是嗯一声。一个清朗的声音说："在下姓杨名拓，前来求亲，望一睹韩姑娘芳容。"

"喔。"韩语嫣淡淡地说，"您不知道我今天不见求爱男人了吗？回去吧，明天我自会热情款待您。"

"韩姑娘，你也转头看我一眼呀！能够看看你的眼睛也好啊。"那杨拓叫道。

慧儿斥道："喂，你也太无礼，我们小姐怎么会……"

韩语嫣却觉得有趣，转身，一对漆黑清秀的大眼睛望着他。啊，那杨拓眉清目秀，鼻梁高挺，竟是个美少年！

"满意了吧！走！"韩语嫣说。

杨拓充耳不闻，吟道："芍药无格，芙蓉少情。君目似水，悠悠我心。蜡梅冷漠，玫瑰带荆。但为君面，妄想至今！"

韩语嫣乐了，不禁嫣然一笑："好吧，和我来。"

她和杨拓回到房间。

"请坐。"韩语嫣按"面试"流程说。杨拓见没椅子，便直接坐到地上。见韩语嫣惊奇地瞪大眼睛，他耸肩道："是你让我坐的，姿势是否美观我可不管。"

韩语嫣继续说："你爱我吗？"

以为他必会说爱，哪知杨拓干脆地答道："我没见过你的脸，也没怎么和你相处，怎么可能就爱上你了？我也不用说谎吧，韩姑娘？"

韩语嫣觉得这人与众不同，又道："你长得眉清目秀，我挺喜欢呢。这样吧，你要什么见面礼？一辆宾利？一笔钱？一套房子？"

为了避免留下贪财的印象，男人们都一样不要。然而，使韩语嫣大为惊讶的是，杨拓毫不犹豫地说："如果你真心喜欢的话，给我三万。"

韩语嫣瞪圆一双美丽的眼睛，怔怔地望了他一会儿，只得给他三万。不过，三万对她来说不是很多。

杨拓走了。韩语嫣悄悄跟踪，发现他到一个捐款中心，把三万捐了。原来，他不是贪财啊！她做了一个小决定。她立刻冲过去，把杨拓带回家，当着他的面揭下了面纱，露出雪白细腻的脸颊，优

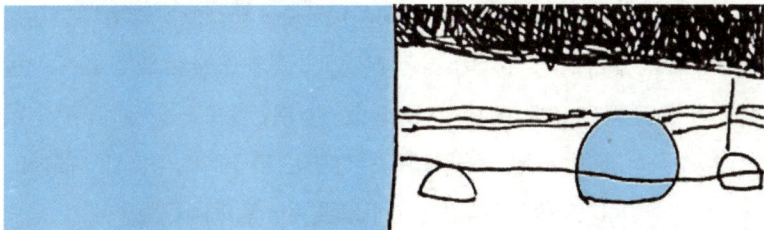

美的鼻梁划出一道漂亮的弧线。

后来，他们结婚了……

柳小诗睁眼，看到了妈妈，看到了妈妈红肿的眼睛。哦，韩语嫣，只是一个梦，好羡慕她。自己确实挣脱了时间的束缚。"妈。"她轻轻地说。"小诗，你中暑了。现在没事了……我对你关心太少了……以后，我要多陪陪你……"妈妈低低地说。

柳小诗笑了。她不羡慕韩语嫣——那个梦中的自己了，因为她有一个一直爱她的妈妈呀。

叶开老师评：

唐华景写了一个很现实的世界和现实世界里的人物发生的梦，在这个梦中，"韩语嫣"是一个古代（或者某个神仙般）的女子，她美貌，智慧，总是用物质和金钱来试探那些来求婚的男子，最后来了一个叫作杨拓的男子，他要了三万，不过是拿去捐款了。感觉，杨拓好自然，好潇洒啊。于是，韩语嫣和杨拓结婚了，幸福地生活在一起。这个"梦醒"之后，我们的小女生柳小诗回到现实，回到母亲和亲情中——生活虽然如此，但仍然要继续。但是，我有一个疑问，那个疑问，你设定了，却没有解决：你被囚禁于时间与作业？很棒的疑问，充满了现实感。是不是要写一笔来回答呢？

14 时空禁锢

周子元　五年级

　　自从我获得了超级意识体的思维能力，一直在探索怎么解决宇宙回溯的问题。为了找到解决问题的方法，我走遍了地球的山山水水，也遇到了很多奇闻逸事，其中有一个人居然是在地心里。她怎么也不肯告诉我为什么会在地心，但我能感觉到她的孤独以及渴望自由的心。以我现在的能力还不能解救她，但是我把太极修炼的方法教给了她，当她听到要用意念想着小花的时候，竟然哭了起来。我告诉她，等她的小花儿变成太极球的时候，用我的意识和她的意识感应，就有可能把她的意识从地心里带到地上，并注入一个克隆体就成功了。

　　她还告诉了我一个重要的信息，就是在古登不连续面以下五十公里，收到了一个奇怪的坐标的信息，这个坐标不是以地球为参照系。

我利用超脑把这个坐标点仔细地运算了一下，断定应该是以太阳为参照系，位置应该在火星上，具体的方位是在火星南极冠下面五十公里处。我用意识去探查，发现有一层屏障阻隔，以我意识的能量强度都进不去。

看来只能自己去看看是怎么回事儿了。我带了一对机器人护卫。经过用超级思维体知识库中的技术，地球的宇宙飞船已经可以达到70%的光速，但再怎么研究也不能提速了。我的飞船只用了一个多小时就来到了火星。

在火星上，我对这个屏障的感觉就更加明显了。这是一个球形的屏障，意识从哪个方向都不能突破它。没有别的办法，只能利用机器人进行探测和挖掘。最后终于找到了一个巨大的门，门上居然雕着一只张牙舞爪的五爪神龙。

机器人用高能激光对门进行切割，地球上的任何材料都抵挡不了的激光，对这个大门却没有一丝一毫的作用。我用意识仔细探查，发现神龙的眼睛有能量正在聚集。一接触，我的意识就传来了两个问题："你是什么人，来干什么？"

"我是地球人，来寻找解决宇宙回溯的办法。"等了好一会儿，门开了。一个相貌和地球人差不多但皮肤发红的人走了出来。带我走进大门，坐了一段长长的电梯，来到一个宽敞大厅。

上首坐着一个仪表威严的人，他起身欢迎我说："您好，第九位访问者。"

我好奇地问他是谁，这是什么地方。他回答道："我们是遗迹的守护者，执行使命已经几十万年，即使两万年前火星因为外星人入侵被毁灭，其他人都星际移民了，我们也没有离开，仍然在守护遗迹。遗迹是谁留下的，有什么作用我们并不知道，只有访问者通过考验才能了解。如果您准备好了，就可以进入。考验结束后，您会被传送到大门处，再见。"

我跟着守护者思走上了考验之路。考验对我来说简直就是煎熬，询问了数不清的问题。居然还有哲学的问题，比如你从哪里来，你到哪里去之类的。我没好气地回答："我从来处来，到去处去。"也不知道考官气疯了没有。最后一道问题最奇怪，居然要求描述宇宙的法则。我哪知道什么宇宙的法则，就默想了小花从发芽、长叶、开花、结种、落叶、枯萎，然后再发芽的过程。

可能是对我的答案不满意，很久都没有动静，最后才有一个声音在我意识中出现。他告诉我，他是星际联盟驻太阳系联络员。太阳系因为在银河的边缘地带，是为保护星系而存在的。保护星系只能自身发展，是不允许外星人接触的。外星人不可以向保护星系输入科技、进行贸易等，必须保证原星系原生、自然地发展，如果能靠自己的智力、科技发展创造独特的文明，直到打破这个禁锢，就能成为宇宙文明的一支。

　　我向他提出疑问："火星不是被外星人入侵了？地球人怎么从来都没发现过外星人？"他回答道："那是星际蛮族之一虫族干的，蛮族是不会遵守什么规则的，只会毁灭。对地球的禁锢是双向的，既禁止外星系的人与地球接触，也阻止地球人探索外星，而打破禁锢的钥匙，在地球上已经出现了，就是著名的哥德巴赫猜想。"

　　我不明白一个数学难题跟要获得星际联盟的接纳有什么关系。他告诉我，数学是宇宙中唯一通用的语言，也是衡量不同种族智力水平的通用标准。并且这个猜想是一系列理论的基础，只有通过系列理论发展，最终解决空间曲率方程，实现空间折叠和超光速飞行，才能被联盟接受。

　　至于宇宙回溯的问题，他也不知道，让我去和星际联盟讨论。

　　与联络人告别，回到地球后，我更加坚定了自己之前的想法，就是彻底解放之前被控制的地球人。只有独立思维的人，才能走出自己独特的进化道路。当然，我会鼓励大家都努力地学习数学，争取早日解决哥德巴赫猜想。至于拯救宇宙这个这么大的难题，还是让星际联盟去头疼吧。

叶开老师评：

　　周子元的这部《时空禁锢》写了一个自己非常擅长的"思维"问题，包括"太极"、"小花"的发芽、成长，还有顺手引用了地心里有一个人的"梗"，得到了一个特殊的、不以地球为坐标的信号，这样，来到了火星南极冠，并深入了地下五十公里，来到了"守护者"的地界。这个设定，是对太阳系、地球人的设定，即在银河系的大范围内，太阳系作为边疆星系，其文明发展和提升，是受到保护，不受外星人的影响的。虽然火星文明被"虫族"毁灭，但是地球仍然被保护着。地球人类文明如果想达到星际旅行的能力，能够真正制造出曲率引擎进行超空间飞行，就首先需要解答"哥德巴赫猜想"。这个，你写得非常有逻辑性。哥德巴赫猜想，这个设定也非常好玩。不知道你看过卡尔·萨根先生的《接触》没有？那里，把宇宙的终极秘密，设定为"质数"。只要穷尽质数，那么，宇宙的底层秘密就为人类所知了。我们知道，质数似乎是无穷的，但是，这就是文学的优点，它可以指出这个无穷，并把无穷当作一种特殊的线索，来指引作品中人物的走向。你这里，写得一样棒。

15 反 抗

张小源（张源） 四年级

引 子

鸟讨厌大海，狮子讨厌猎人，总统讨厌不打仗，地球人讨厌外星人，我讨厌研究外星语言，还有就是与任何人说话。

第一章 一切的一切

这并不奇怪，这是常言，自从与外星人进行婚配以后。不知道你们这些人是否能体会：当你旁边站着一个国家给你规定的新娘，你兴奋地凑上去，准备瞧一瞧你的"美丽新娘"。但是，当一张无脸的头向你转过来，那酸爽，让你立马给她跪了。因为腿软。

我们必须嫁给一个"非地球"人，不嫁就送到天鹅座上当俘房。我觉得，要是没有这条规则，人人断子绝孙也要单身。

额，要是我们不被外星人限制住了就不会这么垃圾了，真的，外星人是我们的一切，我们离不开，准确地说，本来离得开，只是他们把我们弄得离不开。我们所有人都是无辜的。

他们真的很讨人厌，科技发达就不用说了，还掌握了一种可怕、罪恶的技术——让任何人掉进人工虫洞，就在他（她）的房间里生成，一天生成一次，永远重复，重复，有些他们讨厌的人，还会加快一天的速度，比如——嗯——一天等于一年、两年……十年……都有。还不能告诉别人，要不然……呀，后面是违禁词！就是……那个……那个就是……你们懂的！

第二章　地球的民意

20年过去……

其实当时我并不知道把那份"地球波"发送到太空是什么后果的，我只是想敬业一下，因为作为一个98863年的科学家，真的有必要圆一下地球人的梦——找到外星人。于是我把我毕生的骄傲——地球波，通过全息影像信纸加上宇宙定位地图的方式发送给了银河系。

当时，也没有回音，所以，我们推断：因为在前一段时间，有发现过一种奇怪的声波，而当离子转换器翻译时，显示出了一种奇怪的数字，导致无法再翻译下去，我们推测，这种数字不是地球人所能发明出来的，因为它们有着黏附性，人体磁性，还有一种微量元素，一种物质，这些我们都没有发现过，更没有命名。就算后来提取出来，经过验证，发现里面的物质绝对不是地球上可以拥有的，因为地球上没有这个条件。这种物质，被我们命名为天鹅。话说回来，既然不是地球人，那就证明，有外星人喽。

再说回来一点，我因为发送"地球波"到银河，没有回应，我就认为，既然我们接收到了信息，总会有外星人的吧。排除他们灭族的可能，排除伪造波频的可能，排除波频受到拦截的可能，排除发送不成功的可能，也不可能是科技不发达的原因那——只有一个可能，就是发送范围太小。换句话来说，就是外星人不在银河系，这也是有可能的！我就这样，再一次发送了"地球波"，只是波频范围扩大了而已——我真的、真的、真的、不想毁——掉——人——类！

第三章　最后的审判

这是我无济于事的呐喊，我也明知，这没有任何用处，一点也没有，等待我的，是虫洞，是今天，还是今天。因为这是结局，注定了的；因为这是外星审判！外星，我很清楚！自从他们收到我的"地球波"之后，就来到了地球，猖狂起来，用激光导线阻止了一切科技的诞生，封闭了我们，然后就是要封死我们这些科学家，阻止地球的发展！

　　"哼，我就不信！他们能猖狂一时，还能猖狂一世？！"

　　回答当然是残酷的："这个科学家，把他送到98863年的6月7日！叫他永远住在里面！哈哈哈！"

　　我愤怒地低下了头，真的无语了，我甚至想到，就算我从那个虫洞里逃出来，那其他科学家会怎么看我？外星人会怎么看我？追杀吗？漠然吗？重新关进去吗？原谅我吗？

　　不怕追杀，不怕愤怒，就怕平常。

第四章　一天

　　我不想绝望，我只有一天，一天！生和死都决定在27小时以内，我必须成功！失败等于死亡！

　　这是我在被迫遵从命令之后进入了一个地下宾馆之后的想法，因为不管他们给我多少个今天，还是只有一天时间自主行事。

　　我是6月6日11点搬进去的，从那时起，我就开始想，甚至出于严谨的性格，还列了张表：

　　1.我先摸进外星人的飞船基地，然后飞进宇宙找虫洞。

　　2.我先调查清楚，然后在晚上开飞船，在十二点前飞入我的人工虫洞，而且要保证刚好在十二点毁灭虫洞，然后飞出来，就ok了。

3.我大摇大摆地进入外星人基地，让他们抓住我，用激光锁封住我，这样我说不定能逃过一劫，破了虫洞。

4.没有什么，懒得破虫洞。

我仔细看了一下，又总结出几点：

1.首先，第六宇宙速度是必需的。

2.不可以用折返方式消除虫洞，这样这两股反推力就会聚在一起，形成更大的力量凝固在一起。

3.可以找一个反物质推动器，和一个超光速的普通推动器，同时进入虫洞，不过，这需要两个人……

我看了一下表，12点了。

第五章　最后的救命稻草

可是，万事俱备，只欠东风，计划是精妙的，我还需要一个人，要不然，难道分身？因为如果一艘宇宙飞船上装着正推动器和反物质推动器的话，仅凭常识就知道，飞船不会动的。我得上街去，去找一个合适的人来帮我。

谁知，街上空空如也，无人可寻。

我必须要找一个人，可以帮我，即使他不懂我要去干吗。

——我绝对不能放弃这最后一根稻草！

我逐店逐店地查，都收获了失望，好吧，我就听宇宙由命了！梅林的胡子啊！当我正准备往回走时，发现了我的"救命恩人"——克莱迪福·斯芬克斯，我的研究伙伴，也是一个相当厉害的科学家。我兴奋地跑过去，大声叫道："兄弟，你是我最后一根救命稻草！"

趁他还没反应过来，我仔仔细细把我的计划讲了一遍，他惊讶地说："我的天啊！你也被囚在这一天？"

"当然。"

"太好了哈！我们得救了！"

"还有，你知道吗？我早就知道怎么驾驶外星人飞船了！"他神神秘秘地说。

"行行行！你厉害你厉害！"

第六章　突破虫洞

计划在晚上进行，此时，离十二点还有五分钟。

我在白天查清了所有通往飞船的停放处，还调包了一架飞船的推动器，转换成了维光速的（聚光速比光速高，比超光速低；维光速比超光速高20倍）。现在，一切行动都要迅速，万一被发现就完了。

现在，还有3分钟，我发动了飞船，通报了斯芬克斯，我们将在一秒后发动！

1！

0.9！

0.8！

0.7！

0.6！

0.5！

0.4！

0.3！

0.2！

0.1！

0.01！

走你！

如果在这时，有外星人发现的话，它们会看到极其壮观的景象：两艘飞船一起上天，调转了方向之后，随之，一声巨响，什么也没留下。

我和斯芬克斯一起飞入了我的房间，搞得满地狼藉，不过没关系，我将要得救了！狼藉算什么？

现在离十二点还差一分钟。

虫洞开启了，我和斯芬克斯冲了进去，开启了推动器，不料，到了一个转换点，我没把握住，竟然直接冲了出去！我吓坏了，眼看虫洞就要关闭了，我把推动器拉到最大挡，踩牢了磁性推动点。奇迹发生了，飞船重新冲进了虫洞，艰难地前进着，我又使劲拉推动器拉杆，使劲踩磁性推动点，眼看就要出去了。但——是——！推动器拉杆被我拉坏了！我本以为飞船动不了的时候，飞船却动得更快！还是左冲右突！在我是以为飞船即将冲出去的时候，飞船却——着陆了！？（啥！？）轰的一下，掉在了一块硬邦邦的土地上！

叶开老师评：

啊？看得正津津有味，这就穿过虫洞着陆成功了？你的整个小说设定还是很有意思的，虽然你说不会写科幻，但你还是非常棒地完成了这部作品。你塑造的这个科学家，把"地球波"发送出银河系了，我的天，引来了天鹅座的外星人的入侵，并彻底占领、改造了地球人类。这个设定，让我想起刘慈欣《三体》里叶文洁的"红岸基地"向外星发射信息，结果引来了"三体文明"。另外，卡尔·萨根在《接触》里也有来自半人马座的"大信息"，最终，地球人运用了超大量的资源终于制造出了一个"大机器"，七个来自不同国家的宇航员志愿者搭乘"大机器"来到了半人马座。你这里，把信息发到天鹅座的设定，也非常合理。而"我"被囚禁在某个世纪的某一天，但是设法逃出来了。不过，我很想问：然后呢？然后外星人就不来了？那个人工虫洞，你考虑得非常周到，是要找一个同事帮忙，飞船才能不彻底扰乱时空。至于虫洞本身，天鹅座的超级外星人，他们难道就不会继续穿越过来找你们吗？这个问题，你考虑一下。

16　时间牢笼

新桐（徐洁琦）　四年级

时间这个"虚幻"的词对我们人类来说是神秘的，但那曾经翻覆历史的古老歌谣却又在天空中回荡："你问我从哪来？你又到哪里去？"时间的牢笼你永远逃脱不了！静静的黑暗等待着你破解秘密——远古怪兽，永存诅咒！

——题记

一、时间罪人

公元201756年9月25日在某地的审判室里，一名男子坐在囚椅上头低垂着，审判官正高声发出判决指令："我们刚发明了时间牢笼，明早十点，你将搭乘囚犯中微子（时光隧道密度特大，只有中微子才能进去）超光速飞船去第5号监狱。"

男子眼睛一亮："不管你们把我关在哪儿，我都会成为第一个突破诅咒（前面的那首歌谣就是诅咒）的人。"

审判官冷笑道："李华你犯的罪不够大吗？如果你突破诅咒，将它所说的神秘东西唤醒，那么你将受到比这更惨的责罚！"

犯人被押走了。

犯罪人身份李华，男，36岁，罪过，通过穿越改变历史，使时间出现混乱。

二、李华逃跑

时间牢笼里有一种神奇的物质，它能使你精神保持良好，不过它又让你每时每刻都在做同一件事，里面的钟表都在显示你进来的时间和在这里的日期。在里面时间是停止的，它会让你患上一种精神压迫症，时间久了你就成了疯子。

李华一进去便患上精神压迫症，每天过这样的日子使人受不了，不过李华意识似乎还算清醒，他没有胡言乱语。又过了几个月，政府对时间牢笼有了很大的把握，不再每日让中微子飞船去巡逻，就在他们放松警惕的时间里又传出了一个坏消息——李华逃跑了！不过不可能！时光隧道可能有时会出现时空漏洞，你逃出去的时间也只有0.001秒，如果没卡准时间，漏洞合上的话，人就会被卡死在里面。李华可能是使用了某种技术，要不然也逃不出持续时间只有千分之一秒的时空通道。不久，诅咒似乎开始起了作用，动物们烦躁不安，鸟类争先恐后地飞上天空。联合国召开大会商议如何应对诅咒的实现，但这还是一个开始，更可怕的在后面。

三、诅咒实现时空逆转

一天后，大地开始震动，保存在博物馆里的恐龙化石开始长出内脏皮肉，就连我们一些没有见过的恐龙也完好无损地从地里钻了出来，恐龙复活啦！不少休眠火山也活跃起来。歌谣讲的就是这个，联合国已经做好对付恐龙的准备，于是一场大战开始了，恐龙们率先朝我们冲来。"三、二、一！"开炮指挥官命令着。轰！原子弹、导弹、火焰弹……竞相发射，被击中的恐龙惨叫着，大地上血流成河。

最终人类凭借着高端的科技取胜了，幸存下来的恐龙也成为奴隶。他们帮人类搬东西、盖房子，过着艰苦的生活。人类一高兴就给它们吃一顿饱饭，不高兴就用鞭子抽打它们，准确地说它们是人类的出气筒。世界又进了一步，许多科技提前完成了。

四、尾声

李华被判了死刑，是一种最严酷的刑法，它让你一直活在虚幻中直到死。

一万年后，恐龙不甘心被人类统治，再次崛起，统治了地球，人类也埋没于历史的长流，而诅咒再次响彻天空。

叶开老师评：

欣桐（徐洁琦）的这篇《时间牢笼》写一个叫作李华的犯人被处以时间极刑，他后来逃跑了，打破了诅咒，激活了博物馆里的那些恐龙，导致人类和恐龙的新战争，这个想法真是脑洞太大了。哈哈。你那个"中微子"的设定，也很"科学"，看起来，只有0.001秒才能逃出去的牢笼，而李华却逃出去了。他到底是怎么做到的？你可以考虑写一个细节来表现他的厉害。但是，这个家伙，到底是值得同情呢，还是可恨？他犯的罪过是不可饶恕的还是冤枉的？也要想清楚，这样，你后面的结尾，就会有更好的处理方法，例如，李华又逃了，这次，他激活了一万年之后的恐龙起义。是不是更妙啦？

17　银河之心

黄铭楷　六年级

　　站在"光明号"母舰的舰桥上，望着光明舰队的三百二十一万九千六百四十五艘飞船慢慢组成一个整体，邓迪斯第十七次被这幅景象震撼了。

　　光明舰队是全银河系飞船数最多、总吨位最大、大型飞船最少、总火力最大、总运载人数最多的舰队，它也是全银河系最奇特的舰队。它只有一艘重型飞船"光明号"，以及十二艘中型星际巡洋舰，剩下的三百二十一万九千六百三十二艘飞船全都是吨位小于一百吨的轻型歼击机或小型飞梭。光明舰队的所有飞船的金属都由计算机编程过，在必要时刻（如现在）组成一艘巨型母舰——"光明号"。

当初为了建造它，人类各个星域的科技发展足足停歇不前长达一千年，不过那也是一千年前的事情了。

而现在，就算拥有一支如此强大的舰队，曾经是个不可一世的太空盗之王的邓迪斯也无法跟现在的敌人抗衡。

两百年前，一支数量巨大的不明舰队从银河系外驶入。它们在十年内就以迅雷不及掩耳之势扫除了银河系边缘的所有恒星，这也意味着，人类没有未来了。

没有恒星的依靠，也就不可能建立跳跃星门以跳跃至一千光年的恒星系，也就是说，人类永远无法通过超空间到达其他星系。想用核聚变开过去？恭喜，以现在光速的十分之二的速度，你得花几亿年。也许飞船遗留下的最后一颗金属颗粒可以到，但你却永远到不了了。

人类只能奋战。

各个星域从未怀着同样的愤怒迎战同一个敌人，可他们发现敌人的数量太多了。

想要生存下来，只有一个地方可以找到答案——银河之心。

不久前成立的星域联合政府告诉邓迪斯，"银河之心"，这个银心的超级黑洞，可以让人类离开银河系。

"光明舰队，启动星际跳跃引擎，下次跳跃目的地：银心附近五百光年，我们将在那与增援部队会合。"邓迪斯向着这艘刚刚完成合并的巨舰发起指令。一千光年已经是现在飞船能单船跳跃到达的最远距离了。

邓迪斯望着这艘有月球大小的巨舰缓缓启动了星际跳跃引擎，心中突然闪出一丝疑惑。

但愿我不是在把这四百万战士推向毁灭。

二

虚空中，飞船慢慢显形。

这怎么可能？邓迪斯充满了震惊。星域联合政府能为这次任务派出这么多飞船？

在他眼前集结起来的巨大舰队，几乎包括了星域政府总兵力的三分之一。

"邓迪斯统帅，我是本支联合舰队的全权代表哈里森将军，"联合舰队发来了一个通讯窗口，"我代表银河舰队、太阳神舰队、太平洋联合舰队、冥王星舰队、希望舰队、星域联合政府第二集团军、星云舰队向您保证：我们会帮助您的舰队执行任务直到最后一刻。"

不知为何，邓迪斯感到这句话有种不祥的预感，但他只是点点头，回答道："舰队是否集结完毕？"

"不，"哈里森回答，"仍有一支舰队未赶来，但是它不属于我们的编制，它的名字是黑暗舰队，它会马上赶来。"

黑暗舰队？这个名字……感觉跟光明舰队有些相似。可是，为什么他从来没有听说过？

没等他思考完，远处的黑暗中突然浮现出一个巨大的黑影，那阴森的身影盖住了所有的亮光，让每个人为之战栗。

"这大小，该有旧地球那么大了吧？"

"我是黑暗舰队舰长影。"一个黑色的身影出现在了通话窗口，"我代表黑暗舰队，报告舰队情况。舰队人数——1，舰队舰船数——1，舰队总质量——无法测量，舰队火力——超过星域火力计量法量程。我是本次任务的幕后指挥者，我命令，所有联合舰队，前往银心！"

三

舰队还没到达终点，前方就传来了一阵巨大的引力，飞船战栗着，吱嘎作响，花了好长时间才恢复原状。前方，是一个巨大无比的银色圆球，大到无法看见它的边际，那股吸力就是从它那里传来的。

没等战士们从这壮观的景象中反应过来，刺耳的警报声就已响起。

"敌人来袭，"邓迪斯沉着地指挥，"各舰队准备迎战。"

一大片漆黑的色彩在圆球边出现，那是一支比人类舰队数量整整多两个数量级的舰队。有些战士惊恐地睁大了眼睛，但哈里森的神情里充满了坚定："我的舰队可以打败它们。"

"不。"影摆了摆手，"这艘船就可以打败它们。"他懒洋洋地说，"'黑暗号'，启动反物质激光束。"

那艘行星般大小的飞船爆发出一道紫色的光芒，然后，一道一百公里宽的巨型激光从飞船中迸发出来，扫向远方的敌人，在激光接近自己的飞船时，每个人的皮肤上都泛起了一阵怪异的震动。

然而，远处的飞船却没有任何动静。它们似乎丝毫没有注意到那道激光束，仍然保持着编队。好像只是冷眼旁观，知道激光击中自己。

爆炸声从远处传来。反物质激光几乎在一瞬间就摧毁了这些异类的飞船，舰队上爆发出一阵欢呼，然而，欢呼戛然而止。

一支更庞大的舰队从远方驶来，而这次，跟随它们的是一枚枚奇形怪状的导弹。

四

很多飞船在一瞬间就被炸成了焦炭，舰队怒吼着，咆哮着，疯狂倾泻着炮火和导弹，然而这都无济于事。

邓迪斯刚想命令母舰分离成无数小型飞船，突然，影的声音传了过来："你不能战斗，你有任务去做。"他显得冷酷而镇定。

"到底是什么？！"邓迪斯狂吼了出来，"告诉我，不然我炸了你的老窝！"

影面无表情："你的任务是开进银心，然后带着我和半个银心启动跳跃引擎，利用半个银心的质量进行二十万光年强行跳跃，跳出银河系，然后牺牲你我的飞船，建立一个新的跳跃星门，使人类可以跳出银河系。"

"我同意。"这三个字邓迪斯几乎没有任何犹豫，在极端的麻木下，他只能说这句话，"我有一个要求，我要跟光明舰队一起死在宇宙中。"

"我同意。"影的回答也是这三个字，几乎没有延迟，"现在开始吧。"

光明舰队开始逐渐解体，变成无数细小的飞船，组装到"黑暗号"上。剩下的"光明号"仿佛一个失去保护的胎儿，无助而脆弱。但紧接着，新的"黑暗号"伸出了一只巨大的触手，将"光明号"拉入船体中。

"'光暗号'合并完成！"邓迪斯自己都不知道自己是怎么说出这句话的，"现在，让我们给那些傻瓜点颜色看看！'光暗号'，启动聚变引擎，开向银心的黑洞！"

新组成的巨大飞船，飞快地向银心飞去。那些漆黑的飞船似乎发现了什么，分出一半来追赶他们。

"哈哈哈哈！这些异类也懂得害怕！"邓迪斯狞笑着，丝毫不管身边渐渐扭曲的空间。巨大的黑洞似乎抓住了这艘巨大的飞船，将它往深渊拉去。

"执行你的使命吧，邓迪斯。"影开口了，"愿来世有缘再见。"

"启动跳跃引擎，功率调至最高！"邓迪斯不顾飞船一条又一条的警告，发送着命令，"我们要把半个银心连带着吸进飞船！"他大笑着。

飞船开始碎裂，一切都开始碎裂。邓迪斯喊出了自己的最后一个命令："启动！"

银河系的中央发出最璀璨夺目的一道闪光。

叶开老师评：

黄铭楷写了一个想象庞大的科幻小说《银河之心》。你设定的"光明号"和"黑暗号"，是我在所有科幻小说中看到的最庞大的星舰，比《星际战争》里的"死星"还要大，而且是可以随意组合，由小变大，由大拆小的，简直太厉害了。你写到，在银河系里，太阳系、地球等各个行星系的文明联合舰队，为了应对来自银河系之外的可怕"异类"，而组合成一个庞大的舰队，驰向"银心"，准备在那里组成庞大的跳跃空间，让人类可以离开银河系。而组成"光暗号"的超大型星舰上，两位伟大的舰长牺牲自己，拯救整个银河系人类，牺牲精神非常感人。你的想象太庞大了，我觉得稍加完善，就会形成非常厉害的一部大作品。

设定一，银河系的文明如何发展到这个程度的？中枢机构是哪里？而且，银河系的智慧生命不仅仅只有太阳系，还可能有其他行星系。

设定二，银河系外的异类是什么形态？为何如此厉害？

设定三，人类为何要穿越银心跳跃二十万光年到河外？有没有目标地？

18 又一生

夏农（何浥尘） 七年级

"愚蠢的地球人！"一个幽暗的密室里传来一阵愤怒的低吼声。

"主上，现在怎么办？"旁边又传来了一阵低沉的声音。

"之前让你准备的事准备好了吗？"

"好了。"

"那就开始行动！"

"是！"说完两人就消失了。

"叮铃铃……"我被一阵闹钟声吵醒了，我坐起身来，按了按太阳穴，我为什么会做这个梦？这个梦预示着什么？那两个人是谁？他们在准备什么？我正这么想着，突然窗帘被人拉开了，一束阳光撒了进来，老妈正站在床边笑眯眯地望着我，我刚想叫她，却被一道突然射来的强光刺得睁不开眼，在强光下，老妈也跟着一起消失了。

我正感到奇怪时，老妈突然拿着锅铲走进了我的房间："快起床吃饭啦！"一听到吃饭，我立刻消除了刚刚的疑惑，赶紧起床向餐桌跑去。

等我到了，发现爸爸和奶奶已经开始吃了，见没有老妈，我就问道："老爸，老妈呢？"

老爸白了我一眼："你傻了吧，你妈昨天就出差了！"

"不可能啊，今天早上她还叫我起床呢。"

"你记串了吧，昨天才是她叫的你。"一听到这个，我彻底混乱了，就一直默默地吃饭，吃着吃着，我好像又听到了那两个人的声音。

"主上，这个实验达到了我们想要的结果，如果将'时间牢笼'在地球上开始运行，地球人的时间都会各自混乱，让他们分不清现实与牢笼中的世界，最后精神崩溃而死，只有地球上的王会知道'时间牢笼'的存在，到时候他就不会再拒绝与我们联手夺下异星的王位了。"

"好，去运行吧，我们本是异星人，却，哈哈哈……"

突然那个低沉的声音大笑起来，却透露着一股凄凉的感觉。我猛地睁开眼，发现自己竟然又躺在了床上，回想起刚刚的梦，突然觉得奇怪，难道我就是他们说的实验品吗？那如果现在那个什么

"时间牢笼"已经开始运行了，老爸他们是不是已经在幻想的牢笼中了呢？想到这里，我赶紧跑出房间，发现老爸和奶奶正在吃饭。

"哎呀，今天怎么这么没胃口啊，感觉好撑！"奶奶抱怨道。

"我们已经吃过饭了啊！"我急忙叫道。

"哪有啊，我们才刚起床，怎么可能吃过饭了啊？"

我赶紧把我的梦给他们讲了一遍。

老爸就白了我一眼："又开始发神经了！"我着急得要死，却也没有办法。

突然，我耳边传来一阵声音："主上，那个实验品好像能梦到我们的对话，我们的计划她都知道了！"

"把她传送到赛比星球去，她在那儿一定活不下去。"

"可是，她父母会发现的！"

"你忘了'时间牢笼了'吗？回到20年前，她父母还会记得吗？"

"主上英明！"

声音戛然而止，我身边的一切都开始变化起来，等停下后，我发现我又躺在了床上，但是这次不是在我的房间里，而是在一个陌生的地方。我躺的这张床很大，还很舒服，我走下床，被突然蹦出来的两个美女吓了一大跳。

"王，你总算醒了啊！"

"王？纳尼？什么情况？"我看了看周围，一片白色，两名侍女，不，应该说是保镖，一身黑色，手上还拿着对讲机。我刚想说我不是，但一看外面守着的侍卫，就立刻把话咽了下去，要是我说我不是，他们还不一下秒了我。

"啊，我去外面转转，别跟着我啊！"说完我就大步流星地走出了房间。我走到一个花园里，坐到了一个湖边，突然发现我现在的脸和以前一点也不一样，我立刻大叫起来："这怎么不是我的脸啊！"

"你傻了吧！"一个声音从地面上传来。我低头一看，竟然是一只抱着一串葡萄的猴子。

我继续看着湖面上的倒影，发现右脸上有一道浅浅的伤疤："这个伤疤好辣眼睛啊！"

"你以前可不是这么说的，你以前说这个伤疤是你英勇作战的象征！"

我白了他一眼："你怎么吃这么多？"

"你以前也不是这么说的，你说我吃得越多越好！"

和他说了半天，我才发现这只猴子竟然会说话！

"你这猴子哪来的？"

"你忘了我啊，我是小白耶！"

我看了他半天，也没有想起什么。

"哎，估计你从马上摔下来失忆了！"

我刚想问他更多事，一个侍卫突然过来了："王，该去议事了！"

我只好点点头，跟着他走了。

来到议事厅，我发现很多人已经来了，一看见我，立刻站起来，我坐到主座上，扫视了一眼，立马发现一个气质不同寻常的人。

"王，'时间牢笼'已经开启了，过不了多久地球就会同意帮我们去征服其他星球！"那个气质不同的人站了出来。

"时间牢笼？"不就是我之前梦到的东西嘛？

"是你发明的啊？"我问道。

"是！"

"立刻关掉！"

"可是……"

"我说了，关掉！"我朝那人叫道。

有一个人站了出来："王，我觉得国师大人做的是对的！"

国师大人？这个人应该就是我梦到的黑衣人，作为国师，手中应该掌有一半大权，得防着。于是我愤怒地锤了下桌子，走出了议事厅。

在傍晚，我又来到了花园，找到了小白："小白，那个国师不是个好人吧？"

"我觉得不是好人，上次你作战时就是因为他拉了绊马索你才摔了，虽然他说自己不是故意的，但就是感觉他是有意的！"

听了小白的话，我不禁有点担心了，看来要关掉"时间牢笼"有点儿难了。

晚上，我又梦到了国师和他的手下。

"主上，那个实验品不知道传到哪里去了，传送器出了点问题！"

"没关系，死了就行！"

这次，我牢牢地记住了那个密室的样子。过了一会儿，我坐起身来，走出房间，叫上几个侍卫："我丢了一个东西，你们陪我去找一下。"

"是！"

我立刻奔向国师的房间，国师似乎在研究什么，见我们一来，立刻起身。

"我丢了点东西，来你这儿找一下。"我立刻走向墙面敲了起来，想看看有没有密室。

"王，您不是要找东西吗？"

我经他这么一说，我也意识到我有点明显了，于是转身走出房门，躲了起来。国师以为我走了，就来到墙书架边，把一本书推了一下，立刻出现了一扇门。

"国师的手下在那儿，把他抓过来！"我对两名侍卫说道，带着剩余的侍卫悄悄将那扇隐形的门围了起来。过了一会儿，国师从暗门中走了出来，一看见我们，脸上闪过一丝慌张，但很快恢复了。

"那扇门里是'时间牢笼'吧？"

"是！"

"你打开它到底是为了什么？"

"为了让地球帮我们。"

我拍了拍手，两名侍卫立刻押着国师的手下上来了。"你说，这'时间牢笼'到底是为了什么？"我看向那个人。

"是，是国师，他，他想威胁地球的王，帮，帮他夺王位！"那人吓得说话都结巴了。

"王，你不可因为一个下人的胡话就乱下定论！"国师立刻为自己辩护。

"王，这是地球王给国师的信！"他滑开自己的手表，立刻出现了地球王的声音："异星国师，本星已死伤数万人，若你同意关闭'时间牢笼'，我就帮你夺位。"

"拉下去关着！"我对边上的侍卫挥了挥手。

"本来这个王位就该是我的，是我和你父亲一起打下来的天下，为什么最后是你继承，不公平！"国师大喊起来。

我没有理他，让侍卫把他拉了下去，国师不停地在大叫。我走进密室，找到了"时间牢笼"的开关，关闭了它，又毁掉了它。做完这些后，我突然感觉一阵眩晕，在众人的惊呼中晕了过去……

醒来时，又躺到了熟悉的床上。

一切都回到了正轨，我冲破了时间，找回了自由。

叶开老师评：

　　何浥尘的这篇《又一生》有极其巧妙的构思，是通过"梦"的穿越，了解到了一个异星国师在秘密研制一种"时间囚笼"的装置，这个装置可以导致地球人的时间混乱，最后发生冲突，引发各种死亡。这样，要挟地球的王来帮助自己夺取王位。这个设定有一个背景，可能要再写一笔，那就是地球上的王到底是怎么回事？他到底具有什么样的能力，能够被异星国师看中，可以帮助异星国师夺取王位呢？这个要考虑一下。比如，你要设定这个时候的地球，已经是高度发达了，而且已经形成了一个地球政府，这个政府是独裁政府，也有一个王。他野心勃勃，总想征服整个银河系，但是，有一天，突然发现自己被某种神秘力量控制了。这种力量，就是你写的"时间囚笼"。而能够制造"时间囚笼"这么高端大气上档次的终极武器，表明"异星"的科技已经达到了骇人的程度，这个，你如果描写一下，就更棒了。你可以设定，异星国师他们是一个超遥远星系世界的高度文明生命，但是，他们却无法做到推翻继承王位的"我"而必须求助于地球的王。那么，"我"为何如此厉害呢？可不可以设定，"我"是控制了地球思维的"人"？这些，都要好好想想，让作品更合理化。

19 逃离地球

刘昊鑫　五年级

电视上正在报道一则令人悲伤的新闻：目前地球上寿命最长者，200岁的卡因多个器官功能衰竭而死亡。而这位目前地球上寿命最长者卡，正是伦的曾曾祖父。

伦很伤心，他决定找到控制时间的那个人，并且把它消灭掉，这样地球上就没有人会死了。

伦是地球星际舰队一分队的队长，他也是"跃进号"太空飞船的指挥官。

"跃进号"可以采用超空间飞行和曲速引擎两种超光速方式航行。超空间飞行指的是，当飞船进入高维度空间时，速度会没有限度地极速增长；短途飞行（在一个星期内）可以使用亚光速驱动器，但是在使用超空间驱动器前必须先离开当前这个星系，并找到合适的超空间入口才能进入超空间。而曲速引擎则是通过两个泡沫生产器制造出曲速气泡，带动飞船移动，最高时速可达400倍光速；曲速引擎可以直接从所在星球起飞，飞往任何你想去的地方。最关键的是，当你乘坐"跃进号"在太空，比如银河系、仙女星座和草帽星系间穿梭旅行时，并不会在飞船里老死，因为它还配有一个维生系统休眠舱，能使你休眠，最长达一到两百万年。当离即将到达目的地前一周左右，休眠系统会让你提前醒来，适应上面的气压。

　　相比超空间驱动器，伦更喜欢采用曲速引擎飞行，因为他不用像超空间驱动器那样，要飞出一个星系才能使用它，虽然进入超空间飞起来更快，但是，在星际中浪费的时间没有曲速引擎那么多。伦登上"跃进号"，开启了曲速引擎，便开始了他的星际之旅。为了确保他在寻找时间囚笼的制造者时不会老死，他进入了休眠舱。过了不知道多少时间，一阵警报声把伦从休眠舱内唤醒。伦起来查看，原来是一个小行星击中了"跃进号"的外部船体，他急忙穿上备用太空服到船体外面亲自查看，有颗大陨石击中了"跃进号"的一侧发电机。伦只能选择关闭"跃进号"上大部分电子设施，比如蓝光视频系统、通信设备和微波信号系统等，但关闭通信设备的危险是很大的，他就收不到地球方面的援助，也联系不到其他星系。

　　就在他关闭所有电子设备五分钟后，他突然想到，自己还有一个秘密武器没有用，那就是宇航技工机器人。宇航技工机器人非常便宜，但它可以修好飞船上的任何东西。除了超空间驱动器和曲速引擎，于是他勇敢地派出自己最后一个宇航技工机器人，希望它能

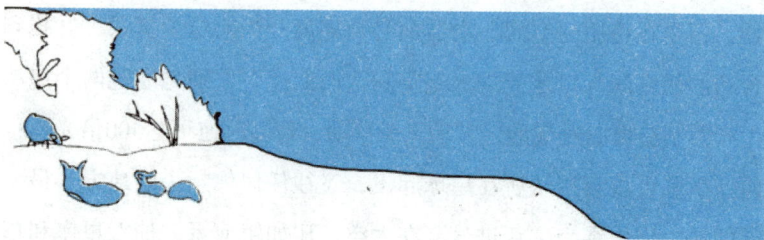

修好船体外面的漏洞。

不出所料，飞船上所有电子设备五分钟后都恢复正常，伦开心地哼起《My love》，在餐厅点了一块披萨狼吞虎咽地吃时，船载雷达发出了一阵滴滴声，伦放下手中的披萨来到驾驶舱，原来已经到达草帽星系。伦欣喜若狂，他准备找一个星球休息一会儿，这时他的导航仪给他推荐了一个星球，那就是在旁边的爱玛星球。这个星球不仅大，而且气候湿润，还有很多好吃的，于是伦就决定在这个星球上休息两天，继续寻找时间囚笼的制造者。

他选择在一块空地上着陆，之后再利用飞船上的反重力装置上高速行驶一段时间，用导航找到当地最好吃的一家餐厅和一家酒店休息两天。

这时导航仪突然发出警报，说发现了时间囚笼，而且就在这个星球上。但导航仪却没有显示到那里的路程，说明肯定在一个神秘的地方。

伦准备先探测这颗行星的地核，用探测仪往地核里面扫描，发现在地幔5700米深处，有一个不明物体密度超高，达到了5千克每立方厘米，要知道钻石的密度，可只有3.52克每立方厘米啊！

伦有种预感，那个密度极高的物体，肯定就是时间囚笼的制造者所居住的地方。但是想进入地幔和地核，必须有一艘能进入地幔的地行艇啊！

伦对导航仪说出了他的请求，导航仪立马帮助他找到了附近最近的一个售卖地行艇的商店。一艘地行艇只要12000信用币，而他却有50000信用币，于是伦毫不犹豫地买下了这艘地行艇。他打开地行艇的护盾，冲入了地幔。

最终他的导航仪探测到那个时间囚笼的位置了。时间囚笼所居住的房子不仅难以摧毁，而且还有许多贴身保镖，难以击毙，如果我们不把时间囚笼给杀了，那么人类的寿命就永远有限。这时旁边的一个机器人突然跑过来对他发出了一连串的滴滴声，通过这一串的滴滴声可以得知原来这艘船上，还有五百多个小型机器人，那五百多个小型机器人都有武器，如激光炮和激光步枪。这时另一个战斗机器人向伦递来一柄激光重型手枪。

伦明白一场大战在所难免。他穿上防高温的衣服，第一个冲出去对时间囚笼的贴身机器人保镖发起了攻击，五百个小型机器人紧随其后。经过两个小时的战斗，他终于找到了时间囚笼，并用火烧毁了它。

从那时开始，人类死后，就开始进入另外一个世界，然后不断经过一个又一个的轮回，最终还会成为婴儿，当伦回到地球的那一刻，他也受到了自己老乡们的热烈欢迎。伦突然接到一条短信地球上有两股不知名的反叛势力正在剑拔弩张，请你率领一支剿匪小分队立即把他们给杀了。伦骑上它的陆行艇飞到北半球去了，让我们一起祈祷伦能有一个好结果吧！

叶开老师评：

　　刘昊鑫的这篇《逃离地球》的内容和题目并不是很匹配。伦进行曲速飞行，最后来到了草帽星系。这项超长途飞行的目的，不是为了逃离地球，是为了寻找"时间囚笼"，去摧毁它，重新找回自己的曾曾祖父卡，挽救地球上的所有生命。你对"飞船"的设定，很多地方都非常考究，很认真，包括对超空间飞行等的介绍，都很长知识。不过，在爱玛星球的地核深处，那个比金刚石密度还要高上千倍的地方，"时间囚笼"被一群保镖保护着，这么厉害的地核，必定超高压力，超高温，一般地航飞船如何能够承受这种压力，并且顺利到达"时间囚笼"呢？而且伦还"冲出去"作战，在这个比钻石密度还高的地方，"怎么冲出去"？这个，你不妨也考虑一下，要合理化。另外，忽然有一个机器人来告诉伦，原来飞船里还有五百多个战斗机器人的这个细节，也有点不合理。人物不能突然出现，而是要有铺垫，那才能合理并且吸引人。

20　坍缩的囚笼

李牧天　六年级

　　哈勃望远镜正在观测宇宙并将拍摄到的图像传送到地球，图像中所有星体都展现出一种红色，象征着宇宙在红移，熵在不断地燃烧，宇宙在不断地扩张，这一切似乎如往常一样。

　　可是地球人不知道这些图像已经过特殊处理，如果仔细观察图像的右上角就会发现有一个计时器，那是坍缩的倒计时，也就是蓝移的倒计时。等计时器归零，宇宙会缩小，时光会倒流，直到宇宙回到奇点、时间也归零时，坍缩方可停止。

　　地球人很快发现了倒计时的秘密，惊慌失措，社会秩序陷入一片混乱，惟独一个人却非常淡定，他静静地看着电视机，一滴眼泪从他的眼角滑落。一个月前，他代表高维生物参观低维地球，被地

球文明深深地吸引了，便把高维的科技教给了地球人，可是向低维传授知识在高维时空却是重罪，高维决定将他关在低维，和低维一起在人工坍缩中毁灭，而且高维还将坍缩时间设定为一天，而处坍缩中的人则会感觉过了很久。此外，为了杀鸡儆猴，高维还让泄密者置身于时间之外，他有无比强大的力量可以超光速、可以瞬移，但就是不能冲出这个宇宙，也无法改变任何事情。同时，他也不会有生老病死，直到宇宙重回初始的状态，他才会灰飞烟灭。

电视中出现了一抹神秘的却又象征着无尽坍缩和毁灭的蓝，坍缩开始啦，所有人都把自己亲身经历过的过去忘得一干二净，因为过去变成了将来，将来又怎能预知呢！泄密者正以超光速30倍飞行，可是对其他事物毫无影响，忽然，他一头冲进了宇宙的边缘，可又在原来的奇点重现。他明白了自己只是个幻影，无论幻影多么壮丽，总归也是虚幻的，不能产生实质的影响，他只能看着自己心爱的地球走向毁灭而自己却无能为力！

高维观察者报告：0时0分0.007秒，人类文明消失；2时30分，所有智慧体消失；20时，宇宙回归纯能状态；24时，宇宙回归奇点，无泄密者生命信号；随时可以创造新三维宇宙。

叶开老师评：

　　李牧天竟然就这么直截了当地把地球、整个宇宙给毁灭了，而且采用的是坍缩的方式。这个毁灭，是高维智慧生命干的，还是宇宙自然到了顶点？你设定高维生物把高维的科技传授给地球人，这个很有意思。不过，他们的抗争，却应该写一下。一般来说，既然知道这种做法是违背律令的，一般都不会没有想过后果吧？想过后果，也许就应该有抗争，哪怕失败呢。

21 怪人一家亲

张又允　四年级

　　我是一个怪人，和一家人住在怪人城堡里，当然，我的家人也都是怪人。我爸爸会变成一只小鸟，用超光速飞行，一秒钟就能够到达自己想去的地方；我妈妈会隐身，监控录像也捉不住她的影子，她还有千里眼，能看到任何自己想要看到的东西；我奶奶会变身术，遇到老鹰时她会变成一头狮子，躲过老鹰对我们怪人的攻击；我爷爷会分身术，几秒钟能够变成几百个人，来攻击敌人；我姥姥会喝放大药水，变成一个巨人；我姥爷会魔法，能变出各种各样的东西；我会服用GP608（缩小丸），变得像蚂蚁一样小，对付小飞虫是我的强项。

　　最主要的是，在怪人城堡里，每个人都长生不老，因为怪人城

堡的时间被定格在了1996年6月23日。对我们怪人来说，每天的生活
都一样，你可以自行改变自己的活动，但不能改变自然或者是别人
的活动。比如说，每天的下午一点二十八分都会下一场雷阵雨，在
下午两点零三分停，下午六点五十八分都会有一个电话打进来，早
晨七点零三分都会有一个大萝卜成熟等都是不能改变的。有人会疑
惑：时间是怎么循环的呀？别急呀，听我说下去嘛。

　　我最喜欢在晚上重置时光环。那时，我们怪人家族上上下下老
老小小五十多个人都要聚集在一起重置时光环。大力士加飞毛腿大
姨会将一个1753年制作的古钟搬到后花园，重置时光环的引领者奶
奶会拿一个时光环遥控器。11点整，倾盆大雨将会下下来，奶奶一
按那个遥控器上的红色按钮，雨就会慢慢往上升，紧接着，月亮落
了下去，太阳升了起来，便是又一个6月23日的早晨。所以，在我
们怪人家族里，没有所谓的生日、节日，这样的话，每天都是儿童
节，每天都是我的生日。

　　今天，吃完晚饭后，不速之客——斯卡托（一种三头四脚的巨
型怪物）侵略了我们的领地。一声巨响意味着怪人"n战"（第无数
次怪人大战）要开始了。妈妈喝了隐身药水，变成了透明人，在暗
面攻打敌人；爷爷分成了六个人，一个拿枪，一个投炸弹，一个开

坦克，一个用弓，一个用剑，还有一个指引大家打胜仗；奶奶变成了巨人，负责正面攻击斯卡托；我则变成了一只小飞虫，飞入斯卡托的内脏，让他痒痒的，无力反抗奶奶、妈妈和"六个爷爷"的攻击。不知不觉中，11点到了，重置时光环的时间到了。这时，爸爸早已准备好了，拿了两粒树苗种子，让大力士加飞毛腿大姨背着拔苗助长的妹妹来到了重置时光环的草地上；爸爸把两粒种子播撒在地面上，拔苗助长的妹妹施展咒语，让小树苗长成了参天大树；接着，爸爸又带着大力士加飞毛腿大姨拿了奶奶的时光环遥控器和古钟；这时，刚刚打败敌人的我们顺着大树爬了下来；正好，倾盆大雨顺阶而下，奶奶一按遥控器，新的一天又开始了。

听说，只需要一个遥控器而且在任何地方都能够重置的时光环已经造好了，会在一个月后进行发布。希望我们能在发布会上用最高的价格买下这个完美无缺的时光环。

叶开老师评：

张又允的《怪人一家亲》是一个超有趣的想法，这里的一家都是各种怪人，而且都是非常厉害的角色。最厉害的，是能运用"时光环"来调整时间，每天都停留在1996年的6月23日，这样，每天都可以过"我"的儿童节。这是多么有意思的想法。这个想法，写成儿童小说，是很棒的，我们要好好来考虑考虑。怪人斯卡托的入侵，也写得超精彩，这一家怪人对付入侵者的方式，也让人眼花缭乱。那个"拔苗助长"的妹妹，超好玩，哈哈。不过，后面怎么来了一个新型的时光环？这个啥意思？难道，时光环还可以有改进型吗？哈哈。

22 来自星星的你

秋风天湖（陈思亦）　三年级

第一章　水晶的暗示

我一步一步地往前走，手中的水晶石块不停地振动与发热。我们的故事就从这里开始……

在遥远的未来，那个在2017年逃走的囚犯，依旧没有被时间警察抓住。虽然这一切与我毫不相关，但是，有一天，我们家发生了一件怪事。我的房间里，莫名其妙地出现了一块晶莹剔透的水晶，它闪耀着迷人的光芒，在光芒中闪现出了那个时间逃犯。逃犯的身影在光芒中若隐若现，时而化作云雾，时而又刻画得非常清晰，但没过一会儿，又消失在水晶石醉人的光芒中。我心中感到奇怪，但突然想起了什么，那就是关于逃犯的神秘消失。

第二章 逃犯的神秘消失

在古老的2017年，一个穿着黑衣的罪人，在黑夜的时光中穿梭着，他扰乱了万物的生长，打乱了昼夜的交替，又破坏了时间的顺序。所以，时间警察准备把他囚禁在银河系外的一颗星星上。他要接受的处罚非常痛苦：每天都要过着同样的日子，做着同样的事情，周围人也一遍又一遍地做着一样的事情。这在从古到今的罪人中，从来都没有一个人，能逃过时间的魔掌，都被永远囚禁在牢笼之中。这个罪人却逃出了时间牢笼，没有人知道他是怎么样逃出去的，也更没有人知道他逃走后去向是哪里。他的"消失"始终没有被时间警察发现，并且，也没有人知道他的秘密。直到前几天，新一任的时间警察才发现了他的逃亡。

第三章 时间通道

想到这里，我好像突然领悟到了什么，伸手就想去抓水晶石，可我一触碰到它的光芒，就有种灼热的感觉遍布全身。就在这时，水晶石发出了一道耀眼的光芒，紧接着一条看不到尽头的隧道直通窗外。我很奇怪，但还是拿着水晶石冲进了隧道。我在隧道中小心地走着，因为整条隧道是透明的，我真害怕我一不留神就掉下去了，而且隧道里也有一些像我手中的水晶石块一样的水晶。它们散发着与水晶石块一样的光芒，就在我陶醉其中时，突然掉进了一个很深很深的井里。

第四章　神奇的星星世界

等我醒来时，我已经平躺在柔软的草地上，微风吹拂着我的脸颊，远处风车不停地地转动着，小麦与稻谷散发着清甜的香气，我眯起眼睛看，好像发现了一个女孩。我对她挥了挥手，她也对我挥挥手，我站起来，拍拍身上的泥土。这才看清那女孩的模样：她有一双宝石绿的眼睛，好像一汪湖水，香草金色的头发，卷曲着披在她的肩上，和稻谷融为一体。她身穿一件米黄色的典雅长裙，看上去就像一件结婚礼服，手里拿着一把精致的尤克里里琴，鼻子上有几粒雀斑，而她与众不同的地方就是她那张不施脂粉的素脸，以及她那双大眼睛。那是我见过最大的眼睛，而且明亮得好像车灯下闪耀的鹿眼。

咦？这不是在《星星女孩》里面的那个星星小姐吗？她好像看出了我的心思一样，微笑着说："我叫星星小姐，姓卡拉薇，我就是来自那本书的女孩。我们星星国的所有人都是来自故事里的，你看看你能不能认出他们。"我顺着她手指的方向看过去。那不是拇指姑娘吗？她真的跟我的拇指一样小；这个是米老鼠，他那长长的尾巴晃动着，像一根摇摆不定的细绳子；那个是睡美人，这个是白雪公主，这些是小马宝莉，那些是魔法精灵……我简直看得眼花缭乱。就在这时，她突然转过身来问我："你手上的水晶石，是从哪里来的呢？"

我看了她一眼，微笑着说："哦，这件事说来话长呢。"我把我的经历，一字不落地说了一遍。她虽然听得很仔细，但目光从没有离开我手中的水晶石。她嘴里不住地叨念着："一定有暗示，一定有暗示。啊，想到了！"她眼睛里闪出一丝亮光，突然喊道："水晶石的暗示，肯定和时间逃犯有关。不仅如此，肯定还跟创造时间牢房的人有关。"

我疑惑地看着她，创造时间牢房的人，他是谁？星星小姐的嘴边露出一抹神秘的笑意，沮丧地说："我也不知道呀，所以，我们要不要去寻找呀？！"

"好！"我拉住她的手，奔向远方。

第五章　寻找

我们笑啊，跳啊，奔向远方。这时，一座美丽的城堡出现在眼前。

那是一座水晶城堡，上面雕刻着奇怪的图案，有飞马、独角兽、杰森宝宝、魔法师眼镜，还有一根魔杖，这些东西在我眼前发生了一种幻觉，它们凑合在一起，显现出了那个逃犯的模样。那个幻觉中的逃犯，慢慢脱下帽子，这时我才看清他的真面目，原来"他"就是星星小姐。

这时，一股寒气从我背后掠过，我用余光紧张地看了一眼星星小姐，心中感到怀疑：这么可爱的女孩，竟然做出这么令人震撼的事情。

但星星小姐却坦然自若地用手指绕着自己的头发。我装出一副入迷的样子对她说："星星小姐，你看这水晶城堡多么漂亮啊！"

她点点头沉默不语，好像知道自己的身份暴露了，我对她笑了笑，拉着她的手，头也不回地走进了城堡。

在城堡中央，我抬头一看，天哪！城堡顶部还有一个几乎看不见的水晶牢房，里面竟然囚禁着一个魔法师，正在焦急地冲着我们喊，可是我们根本听不到。星星小姐看见了我的表情，试图转移我的注意力，于是，指着前往地下室的楼梯说："看，那有一个地下室，我们到下面去找找有什么有趣的东西吧。"

我心中正发慌，想：星星小姐就是那个逃犯，我可不能跟着她走，要是跟着她走，我就会被囚禁在时空牢房之中了。等等，让我想想，楼顶上那个被囚禁的魔法师，会不会就是那个创造时间牢房的人呢？肯定是的，我心中自问自答着。这时，楼顶上那个被囚禁的魔法师，对我施了一个咒语，哦，我一下子变成了两个人，一个跟随星星小姐，另一个是透明的，并且有一双翅膀站在原地。我惊讶地看着变身后的自己，心想：魔法师肯定给我施了分身术，魔法师被囚禁了，我一定要去解救他，问个清楚，星星小姐逃犯是怎么逃出来的。

第六章　解救时间牢房创造者

我心里这么想着，于是就拍拍翅膀，飞向魔法师的牢房。哎，看着觉得路程很近，却比我想象中远得多。我努力向上飞着，上面的空气非常稀薄。

　　"呼！"终于到了。这时，我仔细一看地下室里的另一个我，正要被星星小姐囚禁于时间牢房中，我活命的时间不多了，我一定得解救出时间牢房的创造者，才能保住我的小命。想着，我就走向了水晶牢房。仔细一看，这座水晶牢房的形状和我手中那块水晶石的形状一模一样。我恍然大悟，水晶牢房里的人，肯定是时间牢房的创造者。我赶忙上前，用力掰断了门闩，把门往后一拉，只听唰的一声，金光四溅，这道金光遍布了整个多次元水晶城堡，并且在地下室，正要把另一个我锁入时间牢房中的星星小姐也被这股亮光击倒。这时，她才显现出她那丑陋的原样，她用恶狠狠的眼神瞪了另一个我一眼，另一个我从时间牢房中跳出，可逃犯却头也不回地奔向了那金光来源——我所在的位置。

　　我赶紧把魔法师从牢房中扶了出来，他立刻变得神采奕奕，容光焕发，一下子年轻了许多。他看了我一眼，又拿起魔法杖指向逃犯，念了一段我听不懂的咒语后，终于说了人话："逃犯，你这个可恶的逃犯，我将百倍地加重对你的处罚，看你还能怎样逃出去，这个放肆的女儿。"

　　女儿？我心中感到奇怪，逃犯——是魔法师的女儿？！哦！天哪！不敢相信的结局展现在我的面前：逃犯痛苦地用尖锐的手捂住自己的脸，只听嗖的一声，一道白光把逃犯切成两半，她肮脏的灵魂被吸入时间牢房中。我惊讶地看着魔法师，他微微一笑，没等我问他关于女儿的问题，他就开始讲起了逃犯与他的故事。

第七章　星星小姐与彼拉锁

"我与星星小姐其实就是父女的关系。当她小的时候，我就让她看着我是怎样创造时间牢房的，直到她长大，我还是这样一遍又一遍地给她展示时间牢房是怎样创造的。可是，当时的她却不耐烦了，想要拥有自己的时间，于是就在外面作恶多端，我无可奈何之下，只能把她关入时间牢房之中。可她，又推理出了怎样破坏时间牢房，逃了出去。在她逃离之前，对我施了一个连我都无法破解的魔咒，把我永久囚禁在水晶牢房之中。但我知道星星小姐致命的弱点就是慌张。在她慌张地逃离时，城堡中那颗最宝贵的水晶落入了人类世界中，所以我心中一直抱有很大的希望，因为拿到水晶的人就可以把我释放出来。我彼拉锁就一直被囚禁在牢房之中啊……"

第八章　尾声

彼拉锁刚说完，我就感到一阵眩晕，紧接着金光把我送回了人类世界。这时，我坐在床上，手拿水晶石，回想着这已经发生了的不可思议的一切事情。

叶开老师评：

秋风天湖运用了一个"来自星星的你"的概念，自己构思了一个时空囚徒在潜逃中扰乱了整个宇宙，而时空创造者却被这个时空囚徒囚禁在无法打开的水晶城堡中，只能期待一个拿到水晶石的人能来到水晶城堡，把自己从囚牢里解救出来。令人惊讶的是，那个美丽的"星星小姐"，竟然就是时空创造者的女儿，而且还是一个运用了时空创造能力来扰乱宇宙的坏蛋。好在，又因为"我"偶然中获得了水晶石，来到了这个多次元构成的水晶城堡中，顺利地挽救了时间魔法师彼拉锁。一般来说，父亲对女儿都非常爱、非常怜悯的，父亲这么憎恨女儿，一道光把她劈成两半似乎不太合理，可以考虑也把她——星星小姐囚禁在牢笼里吗？

　　你的思考角度很特别，故事线索很清晰，小说结构明朗，一眼就能看明白，真的好棒。

23 时间之惩罚

汤夏香木（郑婉清）　四年级

　　"咚咚咚"，屋外传来敲门声，他疑惑地走下台阶，想：在这年头，应该没人会来这儿啊。他拉开房门，看见门外赫然站着一群透明的自己，然后，他便眼前一片漆黑。

　　没错，他死了。

　　他曾经拥有永恒的生命，这还得从那时开始说起。

　　他叫张继华，那时他还很年轻。尽管当时死去时，他依然很"年轻"。

　　小时候，他做了一个梦，梦里他遇到一位白衣仙人，长发飘飘，须髯花白，虽然这白衣仙人有些苍老，但是他会让人产生莫名的敬意，张继华也不例外。

这位白衣仙人曾经问过他一个古怪的问题："在财富与善良面前，你会选择哪一个？"

张继华是一个十足的乖孩子，他从小就被父母灌输太多的知识，尤其是宁愿贫穷也要选择做一个善良的人。小张继华看到这位白衣仙人，自然也会回答"善良"。白衣仙人捋捋长须，笑道："好，好！"

然后，这个梦就结束了。

小张继华还不懂这个梦的意思，他想，这可能就是一个普通的梦而已吧。

他这样想，可就大错特错了。

小张继华像其他的孩子一样茁壮成长，成为一个英俊的青年，非常聪明。可是，不幸的是，他的父亲在46岁时得了不治之症，他非常绝望，以为自己失去一位至爱的亲人。

直到那一天，他发现了时空黑洞。

年轻的张继华非常好奇，因为这个黑洞没有底端，他不知道进入这个黑洞之后会带来什么。于是，他的好奇心战胜了恐惧，他咬咬牙，走入黑洞。

瞬间，他跳入到3024年。

小张继华不由得惊叹，多么高科技的世界啊，形形色色的人们走上一辆辆汽车，那些汽车快得让人无法思议，光速行驶。

他被眼前的地方迷住了，下定决心要弄清楚他身处何方、何时。

经过一番周折，他知道这是未来，距离他所属于的时代有一千多年。在这个地方，他遇到一位非常聪明非常善解人意的女医生，当他问她，能否治好父亲的不治之症时，女医生说："没问题。"

他欣喜若狂，带着她穿过了时光黑洞，一切恢复正常，回到2017年。这位女医生治好了他父亲的不治之症，他的父亲又开始充满活力。

有一天，女医生向小张继华告别，临走时，告诉他："事实上我是一个机器人，我之所以能治好你父亲的病，是因为我有着比你们更加敏捷的思维，拥有比你们更加高级的智慧。"

小张继华猝不及防，失声叫道："啊，你是机器人？"

女医生微笑地点点头："是的。"

女医生走了，小张继华怅然若失地看着她的背影。忽然想起来，要是我能让她永远留在这里就好了。他接着又想，她说自己是一个机器人，那我怎么不能复制一个她，永远陪伴在我身旁呢？

从此以后，小张继华开始一心一意地研究机器人，他对那些咿哇乱叫没有人类面貌的机器人不感兴趣，他一心一意地研究着拟人化的机器人。

终于有一天，他成功了，他复制了一个女医生，并让她永远地陪伴在自己的身旁。第一件成品问世后，他开了一家拟人化机器人小店，生意非常兴隆，人人都想要一个不用张嘴吃饭、不用休息的机器人做自己的仆人。

但是，有一天他，又做了个梦，他又梦见了那位白衣仙人，这一次，白衣仙人眼神里充满了忧伤，难过地看着他："你违反了时间法则，你把不属于这个时代的东西带来了，泄露了未来的秘密，你将受到时间之惩罚。"

说完，梦就醒了。

年轻力壮的张继华非常惶恐，他非常害怕，每一天提心吊胆，害怕来的每一位顾客瞬间变成白衣仙人威胁着取走他的性命。他以为，惩罚就是这样。

但是，他平平安安地度过了六个月、一年、三年，他渐渐淡忘了这个梦。

后来他娶了一位年轻漂亮的姑娘，夫妻恩爱，子孙绕膝。

当他在八十九岁时，老迈的他以为自己将要死去，在他安详地闭上眼睛的时候，他非但没有死去，而是陷入了昏迷。过了六年，他重新复活，真是奇怪，他竟然打开了自己的棺材，从土堆里爬了出来。他很开心，以为自己将获得永恒的生命。

随着时代的进化，他不得不从繁华的大都市里搬到偏远的郊区，在他再一次年迈，濒临死去时，可是他跟前一世的情况一模一样，过去六年之后，再度复活。

在他复活过五十次的时候，他不停地思索：我为什么会重复地活在这个世界上呢？

他尝试了上吊、跳楼、伪装车祸等等各种死去的方法，每一次，他都会复活过来。

那一刻，他终于明白了时间的惩罚：时间给他永生，但也让他亲历自己一代又一代的亲人死去，看着自己的爱人、自己的子孙离开这个世界。

他几乎要绝望了。

他真的希望自己能够死去，虽然永生是每个人都渴望得到的。

时间到了3024年，他住在那栋古老的别墅中，没有任何人来陪伴他，他的子子孙孙们早在769年之前全部去世，这个世界已经是机器人的天下了。

怎么会导致这样的结果呢？因为张继华生产出来的拟人化女性机器人得到男士人类的喜爱，男士们渐渐爱上机器人小姐们，当时的机器人已经发达到可以生育，但是，生出来的无论有多么强大的人类基因，都只是机器人小子。能够生育的女性人类们没有得到男性人类的帮助，无法繁殖，只能一代一代死去，浪费人类繁衍的机会。

他后悔，他后悔自己不该透露时间的秘密，可现在后悔还有什么用呢？世界上大概也只有他一个人类了吧。

当他打开房门时，看到那一大群透明的自己，就是他曾经死去的灵魂。

他死了，时间之惩罚终于结束了。

叶开老师评：

　　郑婉清的这部杰作简直是惊人，叹为大牛！

　　张继华这个角色，一个"不死"者之死，被你用这么巧妙的方式，说他透露了时间的秘密，因此被"梦中"的一个白衣仙人在梦中警告他，惩罚他，让他获得不死之身。然而，最可怕的是，当他创造出第一个拟人机器人后，机器人不断进化，最终导致人类爱上了机器人异性而直至完全灭绝，包括张继华自己的后代，也早在769年前全部死去了。在这个地球里，已经没有人类，只有张继华和机器人。他不断死去，不断复活，是一种极其残酷的"时间惩罚"。你写得确实非常巧妙，而且有机地思考了人类的"永生"问题和"时间囚牢"问题，非常精彩。

　　你这里唯一有点可以修改提升的地方，可能是"白衣仙人"。他属于"神仙"系统，跟"科幻系统"略有些不搭。不如把他塑造成一个"机器之灵"，或者"时间之主"，这样，就更加妥帖了。

24 贝加儿历险记

吴沁蓓　二年级

在一个乌云密布的晚上，贝加儿趁爸爸妈妈睡觉的时候，踮着脚，一步一步地走到地下室，她发现有一个又大又圆的洞。她觉得很好玩，就摆着像狗一样的姿势，一点一点地爬进去。谁知，那是一个隧道，没等她爬到中间，她就从火星掉到了地球上，还掉到了美计数家。

"啊！好可怕，一个外星人！"美计数叫道。

"有什么东西，儿子？"正在房间里面抽烟的美计数爸爸问。

"有外星人，有外星人，爸爸快过来！"美计数大声地喊。

"我来了，儿子。"爸爸说。

爸爸一出来，贝加儿就捏了捏鼻子，呕出了很多很多的小红宝石。

"快点捡，儿子！"爸爸命令到。美计数不情愿地把宝石交给爸爸，爸爸一拿到宝石，宝石就变成了爸爸期待已久的衣服。美计数一拿到宝石，宝石就变成了一张试卷。

原来这个外星人一闻到烟就会呕出很多小宝石，只要谁拿到小宝石，宝石就会变成那个人所想要的东西。

"那我们就把外星人，关到房间里，每天给外星人闻烟，让她呕出很多小宝石。让辛苦的妈妈也开心一下。"爸爸说。

于是，父子俩把外星人拉到房间里，给了外星人许许多多的烟，就离开了。

外星人，坐在地上，抓了抓脑袋，眼珠子一转，外星人想到一个办法：她先拿了一个红宝石，在心里许了一个愿望，那个红色的宝石，立刻变成了一把万能钥匙，再轻轻地把钥匙插进钥匙孔，向右转了一下，门开了，贝加儿逃了出来。

后来，贝加儿向全世界施了一个魔法。就是让全世界的烟变成一种味道，不管是谁抽了这种烟，都会吐。这样，世界上就再也没有人抽烟了。

叶开老师评：

哎呀，吴沁蓓的这个想象太棒啦，我超级喜欢你这个结尾的搞法——"后来，贝加儿向全世界施了一个魔法。就是让全世界的烟，变成一种味道，不管是谁抽了这种烟，都会吐。这样，世界上就再也没有人抽烟了。"从贝加儿家的地下室突然掉进洞里，然后来到了美计数家，这样直接点对点穿越，是你们小孩子的特异功能，我们就想不出来。尤其是，贝加儿竟然一闻到烟味，就会呕出很多小宝石，而小宝石就会根据那个拿到小宝石的人的心愿变成那个人想要的东西。美计数爸爸的宝石变成了衣服，而美计数的宝石变成了试卷。哈哈。这个，太悲催了吧？也许美计数就爱考试？那就很幸福了。你一定很讨厌吸烟吧？那你不会讨厌我，因为我不吸烟。

25 打破时间

田静怡　三年级

　　"唉，这里怎么又脏了？又得擦一遍，真麻烦！"神的侍者抱怨着说。

　　这里说的"又得擦一遍"是指擦什么呢？这是一个问题。难道是宇宙！？如果要擦宇宙的话，那岂不是要把宇宙装在一个玻璃球里了吗？可是宇宙怎么装在玻璃球内呢？这又是一个问题。再说了，宇宙也不能装在一个玻璃球里啊。除非是神来装。

　　这就是故事的开头。

　　你说得没错，每个星球都装在一个玻璃球里，这样方便神观察，也可以了解到每个星球的变化。神有一把时间刷，如果用它刷某个星球的玻璃罩的话，如果是顺时针刷，就可以看到未来的事情；如果是逆时针刷，时间就会倒流，把过去的事展现在神面前。而且，只有神能看得到，因为神是这把时间刷的主人啊！

有一个叫灵水的女孩，天生就拥有奇异的才智。出生在地球——一个封闭的大气球，我们既不能出去也不能让外面的人进来。而且，每次当时间过了一亿年的时候。时间就会倒流，回到第一年开始的时候，所有人都会死亡，文明也会消失。人类会重新进化，慢慢地繁衍、产生文化。今年是第九千九百九十九万年，明年，所有人都会死亡，又回到开始。

人类被这个时间的束缚折磨了不知道多少次，人类也想过反抗，但是每次都失败，这是一种多么痛苦的生活啊！特别是在第一亿年出生的小宝宝们，刚出生就要死去，这是多么痛苦又不能抗拒，也是唯一的一种选择。这不公平，我们要打破这个魔咒！我们要自己的文明，要生生不息地繁衍后代，不要这种一亿年的轮回，这对于那些刚出生的小宝宝们太不公平了！我们出生就是为了玩，为了享受，为什么一出生就要死掉呢？

幸好，还有一年的时间。所有地球的勇士们都拥有一年的时间来冲破这时间的牢笼，其中也包括灵水。也不是不可能冲破时间的牢笼，每年神都会把玻璃球罩打开两小时，让地球充满空气，让地

球人得以生存。但是，那个出入口非常隐秘，非常小，只有原子才能通过。所以，要想通过出口非常艰难。

灵水自己造了一个可以缩小到原子的十分之一的飞船，而且攻击力很强，当然，也可以放大到半个地球那么大。灵水准备好就出发了，悄无声息地。她先把飞船缩到最小，以免被神察觉，幸好，这时，神和地球上的人在睡觉，但是要想通过出口也很艰难，因为飞船已经缩小到原子的十分之一，气流很强大，所以，灵水的飞船几乎是停在空中不动。最后，灵水发动所有的加速器前进，终于过了这一关。然后，她飞出了玻璃罩，调成手动驾驶，飞向神居住的地方。她走到舱尾，看着昔日居住的、美丽的蓝绿色星球，说："我终于有机会打破时间的牢笼了。"

飞船终于到了神居住的地方，这时，地球上已经过了十一个月，就差一个月了，这是最关键的一个月。

飞船渐渐接近神居住的地方，同时也在慢慢放大，灵水把飞船放大的同时，也在思考怎样打破时间牢笼。因为当时没有人，所以灵水很顺利地接近了神的居所，灵水像一只小老鼠似的悄无声息地走进了门口，然后走到神的背后，一棍子把神敲晕了。接着，她看见墙上写着一句话"打破时间，一切分离。"这是什么意思呢？灵水特别聪明，她马上领悟了这句话的意思。

她想，要打破时间的牢笼，要让一切分离，应该就是说要把某一样代表时间的东西分开。在此时，她看到了桌上有一把金色的刷子，上面刻着"时间刷"三个字，此时此刻，灵水明白了，这就是代表时间的那样东西，所以，灵水马上拿起时间刷，一把折断。在她折断的同时，禁锢着所有星球的玻璃罩都破碎了，宇宙的本质也释放了，一切回归原样。

　　灵水觉得，自己能看到这样的景象，实在是三生有幸啊。

　　宇宙真是复杂，也许，宇宙就是一个没有谜底的谜吧。

叶开老师评：

　　田静怡的这篇《打破时间》写得太美了，美得我读来甜滋滋的。确实，这是只有你这样的孩子才想得出来的世界，神的侍者用"时间刷"来管理宇宙。神把各个星球装在一个玻璃球里，用时间刷来管理这千千万万的星球。时间刷顺时针刷或反时针刷，就意味着时间的前进或后退。这个想象太好了。

　　我特别喜欢这句话："再说了，宇宙也不能装在一个玻璃球里啊。除非是神来装。这就是故事的开头。"我是那种会为一句话而高兴的"脑师"，因为，一句好的句子，可不是那么容易说出来的，很多成年人几十年了都说不出一句有意思的话。而你这篇科幻小说里，处处都是好玩的话，精彩的话。

　　你对地球的时间设定，也超棒，而且，带着一种令人忧伤的禁锢，一亿年的最后一年，人类和人类文明要彻底毁灭，重新来过，而灵水制造出比原子还小的攻击力却很强

的宇宙飞船来，通过一个"时间之道"，来到神的居所，然后
"然后走到神的背后，一棍子把神敲晕了。"哈哈，我快笑
出眼泪了。把神敲晕了，打得好！结尾这句也棒："宇宙真是
复杂，也许，宇宙就是一个没有谜底的谜吧。"议论，但是
不造作，多好。

叶开总结

时间是一个超级谜团，也是一个令人着迷的现象。我们在时间中，我们随着时间而动，世界上万事万物，没有任何人和物能摆脱时间的控制。关于时间，人们很早就研究了，人类文明的一个很大的成就，就是跟时间有关的各种科学技术的发明、发展、升级。早期的"时间技术"是各种计时器、观测天象的设备，后来出现了机械时钟，到现在的各种精密计时仪器，都是人类对时间的观察和体会。然而，时间一直是那个时间，没有人能违抗时间，也没有人敢于违背时间。直到爱因斯坦针对光速进行了伟大的"思维实验"，最后发表了"相对论"，人类对时间的认识，有了突飞猛进的飞跃。从光速、质量到时间，这些看似毫无关系的事物，被"相对论"有机地联系到一起了。从"相对论"开始，人类对宏观宇宙和微观世界，都有着前人难以企及的深刻认识，并激发人类认识和开掘世界上最神秘的力量——核能，光能等。

认识时间，就是认识自己。

很可能，未来的人们会发展出更为伟大的理论，带领人类突破时间的枷锁，真的成为一种超越时间的种族。这样，人类就不会被地球所困，不会被太阳系所困，真正迈向星际，进入广袤的银河系世界，成为一个高等级的种族。

孩子们的想象力，总是最广大、最鲜活的，关于"逆转时间""时间牢笼""平行世界"等这些新鲜的概念，在他们的脑子里会激发非常绚丽的回响。本篇中，木木水丁的《频闪时空》是一篇真正的杰作，不仅因为她年仅十四岁，还在于语言的自然、准确、清新，以及逻辑上合理地纳入各种看起来毫不相干的知识，而且提出了非常厉害的认识，认为"频闪"是这个世界的真相。另外，沼泽的《月亮之上》、飘茶的《Hello/Bye/Sorry》、枫小蓝的《逃离那个花开的地方》等，都对时间进行了非常有趣的思考。

作为他们作品的第一个读者，我总是为这些少年的丰富想象所打动，只要不毁坏他们的创造力，今后他们会源源不断地创造出令人惊讶的作品。